꼰대 기질 완벽 제거한 거를 것 없는
직장상식

꼰대 기질 완벽 제거한 거를 것 없는
직장상식

초판 1쇄 인쇄 2023년 11월 25일
초판 1쇄 발행 2023년 11월 30일

지은이 조세형
펴낸이 박세현
펴낸곳 팬덤북스

기획 편집 김상희 곽병완
디자인 김민주
마케팅 전창열
SNS 홍보 신현아

주소 (우)14557 경기도 부천시 조마루로 385번길 92 부천테크노밸리유1센터 1110호

전화 070-8821-4312 | **팩스** 02-6008-4318
이메일 fandombooks@naver.com
블로그 http://blog.naver.com/fandombooks

출판등록 2009년 7월 9일(제386-251002009000081호)

ISBN 979-11-6169-272-2 03320

꼰대 기질 완벽 제거한
거를 것 없는

직장
상식

팬덤북스

회사를 다닌 지 10년이 되었다. 시간은 빠르게 흘러갔지만 그 속에서 많은 우여곡절이 있었다. 특히 신입사원일 때부터 희망하던 직무와 동떨어진 업무를 하게 되면서, 퇴사를 결심하고 직무 변경을 요청하기도 했다. 이때 이런 고민을 단박에 해결해줄 사람은 없었다. 선배들은 어차피 어딜 가나 일은 똑같다며 좀 더 다녀보기를 종용했었고, 동기들은 뭐 하러 그런 곳에서 시간낭비를 하냐며 빠른 시일 내에 퇴사하고 재취업준비를 하라고 했다. 이 두 가지 선택지 앞에서 난 한참을 고민했다. 그러다 문득 이런 사소한 직장인의 고민을 풀어줄 수 있는 현실적인 직장생활의 바이블이 있었으면 좋겠다는 생각을 했다.

서점으로 달려가 직장인 처세술, 자기계발서를 닥치는 대로 읽었다. 하지만 내가 원하는 요즘 직장인의 생존법은 나와 있지 않았다. 마침내 10년 동안 회사생활의 내공을 갈고 닦은 지금, 요즘 직장인을 위한, 요즘 직장생활의 노하우를 공유하기 위해 글을 쓰기 시작했다.

　이 책은 결국 나를 위한 것이자, 여러분을 위한 것이기도 하다. 내 10년 동안의 직장생활을 스스로 정리해보면서, 앞으로 어떤 태도와 방향으로 직장생활을 이어나가야 할지 깊이 통찰해 볼 수 있었다. 취업을 준비하는 취준생이거나 회사에 막 입사한 신입사원이라면, 내가 10년 동안 미리 겪은 직장생활을 간접적으로 경험하면서 조금이라도 시행착오를 줄일 수 있었으면 좋겠다. 이미 직장생활을 하고 있는 분들에겐 이 책에서 언급된 나와 비슷한 고민을 스스로 점검해보는 기회가 되어, 본인에게 더 나은 방향으로 직장생활을 끌고 갔으면 하는 바람이 있다. 업무는 가르쳐주는 사람이 있어도 직장생활을 개인의 관점에서 가르쳐주기란 쉽지 않다. 왜냐하면 각자의 가치관, 생각, 상황이 다 다르기 때문이다. 결국 스스로 고민하고 스스로 답을 찾아야 한다. 이 책은 직장생활에서 주로 겪을 수 있는 상황을 제시함으로써, 여러분이 만약 그런 상황이라면 어떻게 행동해야 할지를 미리 고민해볼 수 있도록 했다.

직장인이 노예 취급을 받는 세상에서 더 이상 스스로를 노예로 전락시킬 필요가 없다. 스스로 그런 생각을 하고 있다면, 정말 노예처럼 일만 하다가 쓸모없을 때 회사에서 내쳐지기 십상이다. 그러니 회사생활을 한다고 해서 스스로 노예가 되지 않도록 해야 한다. 직장인의 신분도 본인이 어떠한 마음가짐으로 어떻게 생활하느냐에 따라 충분히 능동적이고 발전적으로 될 수 있다. TV 드라마에서나 그려진 그런 특별한 직장인의 모습은 아니더라도, 스스로 직장생활을 하며 이루고자 하는 모습을 그려 보도록 하자. 그것만으로도 내가 회사생활을 대하는 마음가짐과 태도가 달라질 수 있을 것이다. 이 책은 그러한 동기부여를 줄 의도로 많은 분들에게 읽혔으면 한다. 이 책을 읽고 '내가 지금 하고 있는 회사생활이 이게 맞나?', '직장생활이 좀 편해졌네!', '앞으론 직장을 대하는 태도를 바꿔 봐야겠어!'라는 생각이 들기만 한다면, 내가 바라는 바는 다 이룬 것이나 다름없다. 결국 직장생활을 하는 본인이 스스로 생각과 행동을 바꾸고 결정해야 한다. 나는 거기서 조금 더 나은 방향으로 결정할 수 있도록 도움을 주고 싶을 뿐이다. 직장생활도 회사를 다니는 동안 충분히 찬란할 수 있다는 것, 노예처럼 끌려 다니지 않고 스스로 주도할 수 있다는 것, 그리고 직장생활이 인생의 전부가 아니라는 것을 깨닫게 될 것이라고 믿어 의심치 않는다.

1장

80년대 생이 본
요즘 회사, 요즘 직장인

80년대 생이 본
90년대 생의 직장생활

　최근 사회적으로 'MZ세대'라는 용어가 각광받고 있다. 의미는 1980년대 초반에서 2000년대 초반 출생한 세대를 통칭하는 말이다. 보통은 20~30대를 가리킬 텐데, 20년을 걸쳐 하나의 세대로 묶은 것은 앞선 세대들과 차이점이 확연히 드러나서일 것이다. 아마도 디지털 시대가 시작될 때 태어나 플랫폼과 SNS에 능숙한 것이 가장 큰 특징이겠다. 이로 인해 그들만의 사회적·경제적·문화적 범주를 그들 스스로 만들어 냈다. 여기서 나는 직장생활에서 직접 만난 MZ세대에 대한 얘기를 해 보려 한다. 사실 나도 직장생활을 10년째 하고 있지만, MZ세대 중 M세대에 속한다.

사회적으로 통칭하여 이르지만 MZ세대 내에서도 '우리들 사이에서도 차이가 있다', '우리를 MZ라는 한 단어로 묶지 말라', '우리는 다양성을 추구한다'라는 주장이 있다. 80년대 생인 나로서도 90년대 생 후배들 5명과 함께 직장생활을 하면서, 세대를 구분하는 관점에서 보면 공통적인 부분도 있지만 분명 차이가 있는 부분도 보이기에 그런 얘기들이 나올 만하다고 생각한다. 몇 년 동안 MZ 후배들과 함께 일해오면서 소통을 어느 정도 해왔다고 생각하기에, 이 글에서 내가 직접 겪고 깨달은 바를 풀어 보고자 한다.

부당한 것은 싫어요!

후배들은 부당한 상황에 적극적으로 반기를 든다. '네가 막내니까 이 일은 네가 하는 거야'라는 말이 먹히지 않는다. 우리나라는 과거부터 연공서열이 강한 나라 중 하나였다. 이런 전통(?)을 오늘날의 회사에서도 그래도 물려받았고, 그러한 잔재는 아직도 남아 있다. 물론 이러한 문화도 장점이 있다. 선배가 후배를 끌어 주고, 후배는 선배를 존경하며 끈끈한 관계 형성이 쉽도록 해주는 경우가 그것이다. 그럼에도 부작용은 나오게 마련인데, 요즘은 연공서열의 부작용이 더욱 부각되는 듯하다. 대표적인 예로 선배들이 후배들에게 행동변화를 강요하는 것, 사적인 일을 시키는 것, 성과분배가 원활하지 못한 것 등이 있다. 세대가 변하고 참을 만큼 참은 후배들은 '내가 왜 해야 해? 애초에 내가 해야 할 일은 정해져 있고, 이런 부가적인 이벤트성 업무는 서로 나눠서 해야 하는 거 아니야?'라고 적극적으로 표현한다.

이전 세대는 이를 부당하게 여겨도 잘 표현하지 못했었다. M세대인 나도 사실 팀 내에서 하는 일이면, 주어진 대로 묵묵히 해내는 것이 팀을 위해 좋은 거라고 생각했었다. 하지만 후배 5인방은 그러지 않았다. 본인들이 해야만 하는 타당한 이유가 없으면, 표정이나 말로 불합리함을 당당히 표현했다. 개인주의적 성향으로 인해 집단주의에서 벌어지는 희생을 가만히 보고 있지만은 않았다. 이전 세대로선 참고 묵묵히 해왔기에 이런 태도에 대한 인식이 좋게 보일 리 없지만, 앞으로는 모든 구성원이 인정하는 공평함이 업무분장에 있어 중요한 요소일 것이라고 생각했다.

고과에서도 그들의 공정함이 드러난다. 팀장의 권한인 고과평가에 반기를 드는 것이다. 과거에는 팀장이 주는 대로 묵묵히 받아 왔겠지만, 이제는 내가 이 고과를 받는 타당한 근거를 요구하기도 한다. 내가 속한 팀의 팀장님은 그래도 나름 공정하게 평가하기 위해 특정 기준을 팀원들에게 미리 공유했으며, 지난 일 년 동안 해당 기준에 따라 성과가 누적되었을 때 좋은 고과를 줄 것이라고 공표했다. 나는 공정하다고 생각했다. 연초에 주어진 기준대로 업무를 수행하여 서로 경쟁하는 것이 타당하게 보였다. 하지만 그들은 각자의 업무분장이 다르기에 그런 기준은 모든 구성원들의 업무를 포괄하고 있지 않다고 생각했다. 모두가 완전히 똑같은 일을 하고 있지 않는 한 각자의 업무성격과 업무량은 다를 수밖에 없다는 뜻이다.

MZ세대의 이런 공정함에 대한 요구가 이전 세대에게는 불편하게 느껴질지 모르겠지만, 다행히 팀장님도 이들의 의견을 적극 수용하여 매년 고과기준을 공정성 있게 업데이트하고 있다. 하지만 이런 공정성을 확보하기 위한 내부제도가 더 복잡해져서, 오히려 모든 구성원들에게 부담으로 다가오는 부작용이 생기기도 했다. 때문에 간결하면서도 공정한 고과체계를 갖추기 위해서는 아직 갈 길이 먼 듯싶었다. 아니, 사실 공정한 고과는 없을 수도 있겠다는 생각이 들었다.

회사는 회사고, 나는 나야!

어떤 특정 임원들은 "회사가 있어야 여러분이 있고 가정도 평화로운 겁니다. 회사를 위해서 직원들의 양보와 희생이 필요합니다."라고 말한다. 왜냐하면 이들은 회사 일을 내 일처럼 발벗고 나서서 했고, 조직과 나를 동일시하는 직장문화에서 살아남았기 때문이다. 그로 인해 그 자리까지 승승장구한 것이다. 하지만 MZ세대는 전혀 공감하지 않는다. 내가 있고, 직원들이 성장해야 회사도 발전하는 거라고 생각한다. 그들에게 있어 개

개인은 모두 주인공이고, 회사는 들러리일 뿐이다. 더 이상 이전 세대가 가졌던 회사에 대한 소속감 또는 충성심은 그들에게 찾아보기 힘들게 되었다.

성과급이 점차 줄어들고 다른 회사에 비해 임금 경쟁력 또는 복지 경쟁력이 떨어진다면, 그들은 과감히 이직 준비를 한다. 이들의 이직 목적 중 하나는 커리어 향상과 지속적인 개인적 성장을 추구하는 데 있다. 따라서 그들을 붙잡기 위해서는 일한 만큼의 보상이 필요하다. 아니면 현재 하고 있는 일의 성장 가능성을 제시해주며, 지금은 보상이 살짝 부족하더라도 미래 본인의 가치가 올라갈 거라는 확신을 주어야 한다. 그렇지 못한다면 그들은 '조용한 퇴사' 또는 이직을 꿈꾸며 다른 길을 모색할 것이다. 조용한 퇴사에 대해서는 이 책의 후반부에서 다루도록 하겠다.

회사에서 만나는 관계와 회사를 대하는 태도에 있어서도 그들의 개인적 취향이 짙게 묻어난다. 과거에는 조직의 문화에 따라 회사생활을 맞췄고, 사회적 관계도 그에 맞게 형성되었다. 과거 세대는 똑같은 유니폼을 입고, 동일한 구호를 외치는 게 일상이었다. 생산성을 높이기 위해선 모두가 한몸처럼 움직여야 한다는 생각에서였다. 이를 통해 조직의 소속감을 키우고 한 명이라도 튀는 사람이 생기면 전체의 흐름을 망친다는 집단주의를 갖게 되었다. 그 부작용은 개인의 가정과 삶이 점차 회사에 매몰되어 버린다는 것이다. MZ세대는 부모님 세대를 보면서 이런 부작용을 간접적으로 체험했다. 물론 이러한 집단주의 속에서 성공한 인물도 있겠지만, 극소수다. 대부분의 사람들은 회사의 부속품으로 살다가 하루아침에 잘려 버리기 일쑤였다.

그런 모습을 보고 아들과 딸들은 무엇을 느꼈을까? 그것이 요즘 세대에 반영되고 있는 듯하다. 회사와 나를 분리하고, 회사에서는 주는 만큼만 일하는 직장인으로서 살아간다. 이로 인해 회사 내 조직문화도 과거처럼 일원화되지 못하고, 다양한 모습을 보인다. 마치 조직 내에서 다민족 구성원이 함께 살아가는 것과 같다. 각 구성원의 개성이 뚜렷이 나타나는 만큼 논란거리도 상당히 많다. 이어폰을 끼고 일을 한다거나, 출근시간을 맞추면 퇴근시간도 맞춰야 된다고 주장하거나, 내 연차를 내가 사용하는데 사유가 왜 필요한지 따지는 식이다. 이런 부분에서 과거 세대와 자주 부딪치곤 하는데, 개인주의적 성향이 조직 내에 상당 부분 유입되면서 생기는 과도기적인 현상이라고 볼 수 있겠다. 사실 요즘엔 이런 과도기를 넘어 조직이 이를 수용하는 모습을 보이고 있다. 그래서 회사에서도 이런 흐름에 발맞춰 조직문화를 개선하는 움직임이 활발하다.

회식? 그게 필요한가요?

내가 신입사원일 때는 팀 회식이 있는 날이면, 항상 긴장했던 게 생각난다. '건배사로 또 무엇을 준비해야 호응이 높을까, 술 많이 먹고 실수하면 안 되는데…'와 같은 것들이다. 진급하면 진급했다고 건배사에 술 한 잔, 상 받으면 상 받았다고 건배사에 술 한 잔이 회식 때의 모습이었다. 이러한 회식문화를 코로나가 확 바꾼 건지, MZ세대가 팀에 대다수 배치되면서 점차 바뀐 건지 모호하지만, 어쨌든 요즘은 그런 건배사에 대한 고민이 없다. 사실 저녁에 술 먹는 회식도 거의 없어지는 추세다. 술을 좋아하는 나로서는 살짝 아쉬운데, 한 번은 후배 5인방 중 한 명이 이런 말을 했다.

"꼭 팀 회식을 단체로 해야 하나요? 그냥 마음 맞는 사람끼리 어울려서 마시면 되잖아요. 저도 술 좋아해요. 팀 회식이 싫을 뿐이죠!"

이 말을 듣고 나는 '왜 꼭 단체로 모두가 참석해야 하는 것만이 회식이라고 생각했을까?'라는 생각의 전환을 갖게 되었다. 그렇다. 굳이 술이 거나하게 취하신 윗사람의 재미도 없고 관심도 없는 얘기를 업무가 끝나고 밤까지 들어줄 후배들은 이제 없는 것이다. 팀 내에서 관심사가 같거나, 친해지고 싶은 무리끼리 회식을 하면 되고, 굳이 팀 차원에서 단합이 필요하다면 업무시간이나, 점심시간을 활용하면 된다. 팀 단합도 업무의 일환이기 때문에 업무시간에 해야 한다는 것이다.

요즘엔 회식문화의 개선도 회사 내 중요한 안건 중의 하나가 되었다. 과거엔 회식이 단합하는 데 있어서 꼭 필요한 절차라는 인식이었다면, 이제는 이 회식이 정말 단합하는 데 필요한 것인지에 대한 근본적인 물음이 시작되었다는 것이다. 회식에 대한 방법론도 꼭 술을 마셔야 하는지, 꼭 퇴근시간 이후 저녁에 해야 하는 건지, 꼭 모두가 참석해야만 하는 건지에 대한 의견들이 속속들이 나오고 있다. 회사도 이러한 의견들을 받아들여 회식문화의 변화를 꾀하는 중이다. 점심회식을 한다거나, 영화나 공연을 보는 술 없는 회식도 생겼다.

이런 회식들은 회식문화의 다양성을 선도하고, 천편일률적인 회식의 모습을 순식간에 바꿔 놓았다. 그러다 보니 윗사람들이 주도하는 술자리가 아니라 아랫사람들이 주도하는 문화활동으로 영역이 넓어진 것이다. 결국 이러한 회식문화의 변화는 전반적인 회사 분위기의 변화도 일어나고 있다는 사실을 유추해볼 수 있고, MZ세대가 유입됨에 따라서 그 변화의 강도는 더 높아지고 있다고 볼 수 있겠다.

나도 MZ세대의 M을 담당하고 있지만, 90년생 이후 후배들과 얘기해보니 깨달은 바가 크다. M세대의 선봉대들은 상대적으로 윗세대와의 갈등과 눈치 보기로 표현을 잘 못해 온 것 같다. 하지만 90년대 생, 즉 MZ의 중간 위치의 세대들을 훨씬 더 자기표현이 강하다. 그만큼 더 MZ세대의 기본 특성을 확고히 보유하고 있다. 앞으로는 Z세대가 대거 회사로 유입될 테고, 또 그들만의 사상이 우리들의 직장생활에 변화를 일으킬 것이다. 미래 세대에 대한 이해 그리고 회사의 선제적인 변화만이 이전 세대들과 앞으로 들어올 세대의 갈등을 줄이고, 시너지를 불러일으킬 것이라고 생각한다.

80년대 생이 본 70년대 생의 직장생활

앞서 얘기한 '80년대 생이 본 90년대 생의 직장생활'은 회사에 본격적으로 유입되어 활약하고 있는 MZ세대의 특성에 대해 알아보고 이해의 폭을 넓혀 보고자 한 것이다. 하지만 사회, 특히 회사라는 공간은 모든 세대가 아울러 함께 일하고 있기 때문에, 최신 세대에 관심을 갖고 이해하려고 노력하듯이 기성세대에 대한 관심과 이해도 필요하다. MZ세대들은 기존 세대들을 그냥 세월이 지난 구시대적 유물이라고 단정 짓지 말고, 선배들 나름의 문화를 이해하려 노력해보는 것이 좋겠다. 그러한 관점에서 '80년대 생이 본 70년대 생의 직장생활'이라는 주제로, 내가 회사생활을 하면서 만나 본 70년대 생 선배들의 모습을 써내려 가보도록 하겠다.

내 관점과 의견이 상당 부분 반영되었기에 보시는 선배님들은 다소 불편할 수도 있겠지만, 내 의도는 '소외된 X세대의 부활'이라는 점을 알아 두었으면 한다. 사실 X세대는 소외된 세대라기보다는 회사에서 워낙 중심을 잘 잡고 있는 핵심 세대이지만, 워낙 요즘 MZ세대가 이슈가 되고 논란이 되면서 상대적으로 주목을 받지 못하고 있는 형편인 듯하다. 그러므로 묵묵히 본인 자리에서 최선을 다하고 있는 X세대의 모습을 전면으로 꺼내어 보고자 하는 마음을 담고 있다.

왕년에 내가 말이야….

70년대 생은 나이로 치면 만 43세에서 53세에 이른다. X세대의 부흥기를 누린 세대이다. X세대를 정의해보면, Generation X라는 용어에서 유래되어 기성세대와 확연히 다르지만 마땅히 정의하기 힘든 세대를 말한다. 그들은 물질적인 풍요 속에서 개인주의를 탄생시켰고, 남들과 다른 차별성으로 대중문화를 꽃피웠다. 지금도 X세대는 사회적으로 경제적으로 많은 영향을 주고 있다. 회사에서도 마찬가지이다. IMF라는 격동기를 지나 새로운 성장기로 발돋움하는 시절에 이들은 취업하였다.

경제가 바닥을 찍고 올라가는 시점이므로, 물 들어올 때 노를 저어야 했다. 지금보다 훨씬 딱딱했던 회사라는 조직에 적응하면서 많은 고난과 역경들이 있었을 것이다. 다행히 경제가 성장하는 국면이었기 때문에 본인의 성과가 개인과 조직의 성장을 이루어 냈다. 이렇게 성공했던 경험들을 축적하여 각 분야의 베테랑 또는 전문가로 활약하고 있고, 다음 세대들에게 그 노하우를 전수해주고 있는 힘찬 세대이다.

X세대에서 빼놓을 수 없는 것 중 하나는 각종 다양한 대중매체의 발달로 인해 대중문화가 꽃을 피우던 시기에 성장했다는 것이다. 우선 패션에서 대중문화의 막대한 영향을 찾아 볼 수 있다. 요즘 MZ세대의 패션은 다양한 모습을 보이고 있지만, 20년 전 '레트로'에 현대적 감성을 덧입혀 '뉴트로' 형태의 패션이 유행하는 모습이다. 바로 X세대의 패션을 상당히 닮아 있는 형태이다. 그렇다는 건 X세대가 성인이었을 때의 패션이 그만큼 파격적이고 자유로웠다는 뜻이 되겠다.

게다가 워크맨, 삐삐의 탄생으로 인한 대중문화의 소비가 시대적인 호황과 맞물리면서 폭발적으로 성장했다. 일본 만화와 홍콩 영화에 빠지기도 했고, 서태지와 아이들, 듀스, 룰라, 클론, 박진영 등 대중가수들에 열광하기도 했다. 물론 지금도 X세대가 대중문화에 끼치는 영향력은 상당하다. 패션과 마찬가지로 드라마, 음악, 영화 등 각종 매체에서도 X세대를 추억하고, 회상하는 게 요즘 유행이라고 볼 수 있다. 이러한 X세대의 문화는 고스란히 회사의 문화를 다지는 데 일조했다. 아마도 MZ세대가 회사의 문화를 바꾸는 격변기 세대라고 인식되어

있지만, 그 변화의 초석은 X세대가 마련해 놓은 것이라는 생각
이 든다. 그만큼 X세대의 문화적 영향력은 엄청난 것이었다.

그땐 낭만이란 게 있었어!

회사에서 선배들이 하는 말이 있다. "요즘 애들은 무슨 재
미로 살아?" MZ세대는 분명 그들만의 놀이와 재미가 있지만,
70년대 생이 보기엔 그저 혼자 노는 느낌이었던 것 같다. 그래
서 최근 들어온 신입사원과 공통점을 찾기 위한 목적으로 질문
했던 것이다. 왜냐하면 그들은 무지하게 딱딱했던 조직사회를
그나마 물렁물렁하게 만든 세대이므로, 새로운 문화를 받아들
이는 것에 거부감이 별로 없었기 때문이다. 그들의 젊은 날의
회사 얘기를 들어보면, 회사에서 욕도 많이 먹었지만 술로 달
래고, 체육대회나 단합대회로 돈독함을 다졌다고 한다.

그때는 그게 그렇게 싫었는데, 이제 와서 보니 추억이고 윗
세대를 이해하는 좋은 자리였다고 회상한다. 지금은 그런 문화
가 사라지는 추세다. 나도 입사하고 2~3년 동안은 주말에 하
는 회사행사에 억지로 참여한 적이 있지만, 지금은 그런 것들
이 정말 없어져 버렸다. 코로나의 영향도 있겠지만 술을 마시
는 저녁회식이나 워크숍도 점차 사라지고 있다. 이러한 것들로
X세대는 아쉬움과 추억에 젖어, 요즘 시대가 더욱 각박하고 삭
막하다고 느끼는 듯했다.

X세대가 직장인이던 시절은 1990년대부터이다. 대중문화를 이끌어 온 그들은 직장생활에서의 회사문화도 변화시켰다. 내가 직접 체험하진 않았지만 선배들의 얘기를 들어보면 "그땐 참 힘들었는데, 그래도 낭만이란 게 있었어."라고 얘기하곤 한다. 나는 가늠하기가 힘들어서 도대체 그 낭만이 무엇인지 궁금했다. 그저 본인 젊은 시절의 추억으로 아름답게 그려진 것인지, 정말 뭔가 특별한 게 있었는지 말이다. 아마 지금보다 회사에 기여하는 절대적인 시간 자체가 많았으므로, 젊은 시절을 몸 바치며 깨달은 게 있는 듯 했다.

지금은 회사에 오래 남아 있으면, 무능력하고 삶을 내팽개친 사람으로 인식되기 십상인데, 그땐 분위기가 달랐으므로 억지로라도 회사에 오래 남아 있었을 테다. 가족보다 훨씬 오랜 시간 직장 선후배 그리고 동료들과 함께 보내면서, 깊은 관계 속에서 즐길 수 있는 것들을 찾아냈을 것이다. 예전엔 집을 사면 회사동료들과 집들이를 했고, 주말에도 가족들을 불러 모아 회사모임을 나갔다고 한다. 지금은 이런 모습이 낯설어졌지만, 그땐 그게 당연시되었다. 그리고 보면 선배들끼리 만나면 뭔가 보이지 않는 끈으로 연결된 게 느껴지곤 했는데, 아마도 함께 쌓은 회사생활의 추억과 낭만이 지금까지도 함께 공유되고 있는 듯 했다.

내가 책임질게

현재 70년대 생들은 우리나라의 경제를 이끌어 가는 주축이다. 이들의 성장과 성공은 소비로 순환된다. 그만큼 소비에서도 주류를 이루고 있다. 이러한 눈부신 성공 뒤에는 엄청난 책임감이 따르고 있었다. 이들은 IMF 시절 회사가 순식간에 무너져 가는 것과, 이로 인해 힘들어 하는 주변 친구들을 보아 왔다. 본인들이 회사생활을 시작하면서 '회사가 무너지는 순간 우리 가정도 박살난다.'는 생각으로 열심히 최선을 다해 일했다. 이러한 책임감은 괄목할 만한 경제적 성장을 이끌어냈고, 대한민국이 지금의 위치까지 올라가는 데 크게 일조했다.

그래서 사회적·정치적·경제적으로 책임감이 강하다. 이러한 책임감을 최근 세대들은 불편해하기도 하는데, 사실 책임감은 존중되어야 하고, 권위감은 내려놓아야 한다. 바로 이 권위감이 '꼰대'라고 말할 수 있고, 모든 세대가 꼰대라는 용어를 남발하는 것에 대해서 어느 정도 주의가 필요하다고 본다. 최근 세대에서는 '회사에서 뭐 이렇게까지 해?'라고 볼 수 있겠지만, 그들은 회사를 책임감 있게 성장시켜 왔고 가정의 평화를 지켰다. 그 사회적 책임감은 충분히 보상받아야 하겠다.

내가 만나 본 선배들을 사회적·경제적 책임감도 물론 있었지만, 후배를 끌어 주는 인간적인 책임감도 있었다. 군대 용어인 사수와 부사수의 역할이 회사에도 똑같이 유입되면서 상

하 관계가 뚜렷한 시기에 이들은 부사수로서 선배들에게 다가
가야 했고, 기성세대들에게 후배를 다루는 법을 전수받았을 것
이다. 분명 이런 관계 속에서 불합리한 부분도 있었겠지만, 후
배들에게 업무 노하우나 회사생활의 조언을 아끼지 않았을 것
이다. 나 역시도 X세대 사수에게 업무를 배우면서 책임감 있게
후배를 양성하는 모습을 많이 보았다.

그로 인해 안정적으로 회사생활에 적응할 수 있었고, 지금
은 그 사수가 다른 회사로 갔지만 아직도 여전히 감사의 마음
을 갖고 있다. 사수가 없었다면, 회사생활이 더 어렵고 힘들었
을 것이다. 요즘엔 이런 끈끈한 사수와 부사수 관계를 찾아보
기가 어렵다. 아직도 회사에서 이런 관계를 유지하는 게 좋은
건지, 나쁜 건지 모르겠지만 확실히 X세대의 후배를 양성하는
책임감은 뛰어났고 후배로서 분명 큰 도움이 되었다.

이렇게 정리하면서 회사 선배들의 행동양식을 머릿속에 그
려 보니 왜 그렇게까지 했는지 어느 정도 이해하게 되었다. 그
들은 그들 나름대로의 'X세대 문화'를 만들어냈으며, 개인주의
적 개성과 함께 대중문화를 부흥시켰다. 그럼에도 회사에서는
사회적 책임감으로 윗세대와의 갈등을 완충하였으며, 조직이
성장하고 개인이 성장하는 데 노력을 아끼지 않았다. 우리 MZ
세대는 사실 그때의 분위기를 겪어 보지 않아서 잘 모르기도
하고, 회사가 상당히 변한 시점에서 직장생활을 해 왔기에 그
들의 책임감과 노력을 가늠하기가 어렵다.

그렇기에 회사에서 우리의 문화적 주장을 펼칠 때는 조금 더 그들을 존중하고 배려하는 마음으로 사회적 변화를 시도해야 하겠다. 그들은 분명 지금의 사회와 회사를 만들어냈고, 아직도 주역으로서 그 영향력이 상당하기 때문에 MZ세대는 본인들의 주장만 할 게 아니라, 이들과의 조화를 이루며 함께 공생하는 법을 찾는 게 좋겠다. 그래야만 서로 갈등을 최소화하며 발전적으로 조직변화를 이뤄 낼 수 있을 거라고 생각된다.

MZ세대는 왜 회사에서
그토록 공정을 외치는가?

MZ세대를 보는 선배들은 회사에서 그들의 태도를 쉽게 이해하기 어려워한다. 한 직장인은 MZ세대를 겪으며, 다음과 같은 볼멘소리를 하기도 한다.

"면접에서는 간이고 쓸개고 다 내놓을 것처럼 얘기하더니, 막상 회사에 들어오면 공정을 주장합니다."

아마도 이 분은 직장에서 새로 들어온 MZ세대에게 꽤나 서운함을 느꼈던 듯하다. 아마도 면접까지 볼 정도면 회사 내에서 중역일 텐데, 면접에서 본 사람이 막상 합격해서 들어오니 태도가 180도 달라져 있었기 때문일 테다. 나도 마찬가지지만 면접에서 하는 말은 그저 꾸며진 말일 뿐이다. 경력과 이력은 사실일 확률이 높지만 회사를 생각하는 마음은 그렇지 못한 경우가 더 많다. 특히나 요즘 세대는 더 그렇다. 평생직장이라는 개념이 사라진 만큼 회사에 본인의 인생을 매몰시킬 순 없기 때문이다.

하지만 입사 전후로 너무나 달라진 모습에 속은 기분도 들고 서운한 마음까지 드는 것은 회사에 오래 몸담은 그에겐 어쩔 수 없는 일일지도 모르겠다. 그래서 난 회사의 MZ세대 후배 5인방과 그들이 생각하는 회사에서의 '공정'에 대해 얘기를 나눠 보았는데, 그들은 나에게 그들이 평소에 갖고 있던 여러 가지 생각들을 거침없이 쏟아 내었다. 정말로 그들을 '공정'에 대해서 할 말이 많아 보였다.

내가 이 회사를 어떻게 들어왔는데!

내가 10년 전 취업을 준비할 당시만 해도 취업이 점점 힘들어진다는 얘기는 종종 나왔었다. 그 이전 대학 선배들은 2~3군데의 회사를 쉽게 붙여놓고 골라서 가는 상황이었다. 취업이 힘들어진 이유는 여러 가지가 있겠다. 먼저 회사가 인건비가 비싼 국내 인력 대신 해외에 공장을 설립하여 중국, 인도, 베트남 등 인건비가 싼 인력들을 활용하는 추세로 변했기 때문이다. 거기에 더해 기술발달로 인해 자동화가 상당부분 이뤄졌고, 프로세스도 갖춰지면서 필요한 인력이 축소된 상황도 맞물렸다. 또한 경제 성장률도 높지 않아 기업에서 사람을 뽑는 것에 부담을 느끼는 경향도 있었다.

사업이 크게 확장되어야만 선순환적으로 사람을 새로 뽑고 인력을 그곳에 투입하는데, 사업이 정체되거나, 심지어 축소된다면 기존 인력도 빼야 할 가능성이 높아진다. 시장상황이 좋지 않은데 그런 부담을 안고 사람을 더 채용할 수 있는 기업은 그리 많지 않다. 이렇듯 채용시장이 점차 굳어 가는 상황에서 다행히 난 무적의 공대생이었고, 지원한 회사를 다 붙지는 못했지만 합격한 몇 군데 중 한 곳을 골라서 들어올 수 있었다.

후배 5인방은 내가 들어왔을 때보다 채용시장이 악화되어 훨씬 준비도 많이 했고, 그러다 보니 입사시기도 좀 늦어진 듯했다. 영어성적, 인턴 경험, 공모전 수상 경력, 해외 봉사활동 등 이력서를 빼곡히 만드느라 많은 노력들을 해온 것이다. 그렇게 해도 너무나 높은 경쟁률로 인해 서류에 번번이 탈락하고, 겨우 겨우 극심한 경쟁을 뚫고 우리 회사에 들어온 것이다. 그들도 알고 있다. 이렇게 힘들게 들어왔으니, 좀 더 공정하게 대접받을 권리가 있다는 것을. 그리고 우린 공정한 대우로 그들의 노력을 인정해줘야 하겠다. 그들의 입장에서 보면 힘들게 얻은 결실인데 막상 들어오니 예상보다 제대로 된 평가나 체계가 없다고 느껴진다면, 공정에 대한 요구는 더욱 거세질 수밖에 없다고 본다.

그들이 생각하는 속깊은 주장은 '내가 이 회사를 어떻게 들어왔는데, 나를 이렇게 대우하는 거지? 난 과거 시절보다 훨씬 힘들게 들어왔고 나름대로 열심히 일한 만큼 충분한 보상을 받을 자격이 있단 말이야!'라고도 말할 수 있는 것이다. 물론 선배들이 보기엔 이제 막 들어온 신입이 얼마나 회사에 기여를 했느냐고 따져 물을 수도 있지만, 그들이 이런 주장을 하는 기저에는 인정의 욕구가 깔려 있으므로 '그래, 좁은 취업문 뚫고 힘들게 들어온 만큼 함께 성과를 만들어보자'고 다독여주는 것도 선배의 역할일 수 있다는 생각이 든다.

앞으로 어떻게 될지도 모르는데!!

우리 직전 세대에서는 회사가 성장하는 재미를 많이 느꼈다. 그에 따라 개개인의 가시적인 성과가 돋보였으며, 그 성과들로 인한 승진과 점차 늘어나는 연봉에 뿌듯함을 느끼며 일했었다. 정말로 회사가 발전하고 성장하니, 가정의 평화가 찾아온 것이었다. 하지만 지금은 녹록치 않다. 우리나라 경제성장률은 2022년 기준으로 2.5% 정도로 예상되었다. 회사는 예전처럼 그런 눈부신 발전을 하기가 어려워졌다는 뜻이다. 반대로 회사의 규모가 점차 축소되는 업종도 존재한다. 어쨌든 전통 산업인 우리 회사 기준으로 보면 후배 5인방은 정체되어 있는 회사에 겨우겨우 들어와 보니, 회사는 항상 위기라는 얘기만 늘어놓는다. 나라도 위기, 경제도 위기, 회사도 위기… 알게 모르게 이 위기 3인방이 MZ 후배 5인방 목을 졸라 왔었다.

그러다보니 우리 후배들에게 '선배들처럼 좀만 참고 노력해서 회사도 발전하고 나도 눈부신 업적을 남겨야겠다!'라는 생각은 전혀 없다. 회사가 어떻게 될지도 모르는데, 지금 당장 일한 만큼 공정한 대가를 받아야 했다. 심지어 가장 최근에 들어온 후배는 입사하자마자 이직 준비를 한다. 항상 준비해 놓지 않으면 불안하다는 것이다. 이러한 사회적 불안감을 지속적으로 부담하도록 하는 게 사회 선배로서 미안한 마음이 들었다.

MZ세대에게 지금 당장의 희생은 나중에 성공을 불러온다고 말해봤자 통하지 않는다. 앞서 얘기한 사회적 변화가 이들을 그렇게 만들었을 뿐이니, 이제 막 들어왔거나 앞으로 들어올 세대들에게 희생을 강요할 수 없다. 또한 이들은 IMF를 겪은 부모 세대를 보며 잘 다니던 직장을 한순간에 그만두게 된 상황을 너무나 처절하게 간접 경험했다. 한 가정이 흔들릴 정도의 큰 경제적 사건이 자식 세대에게는 '회사가 직원을 지켜주지 않는다.'라는 사실을 확실하게 인지시켰을 것이다. 따라서 선배들은 이들에게 희생이 아닌 명확한 업무분장에 의거한 일을 제시하고 그에 맞는 보상도 시기적절하게 지급해야 한다.

돈을 벌기 위해 회사에 출근한다는 명확한 목적이 그들에겐 더욱 뚜렷하게 자리하고 있으므로 그 보상으로는 연봉 및 성과급 인상이 가장 확실하다. 그렇게 하지 못하는 경우라면, 가령 MZ세대들에게 회사에서 온전히 희생만을 강요해서는 불화만 쌓일 뿐이라는 것을 명심해야 하겠다. 세대가 바뀌었고, 시대가 바뀌었다. 불확실성이 커진 사회 속에서 개인의 희생은 조직이 책임져 줄 수 없으면 강요해선 안 된다고 본다.

자유롭게 표현하는 것뿐인데요?

MZ세대는 플랫폼과 SNS 활동에 아주 능통한 세대이다. 그만큼 온라인에서 표현의 자유가 넘치고, 그러한 자유로움이 오프라인에서도 이어진다. 사회적으로 이전 세대를 억압하였던 사상이 세대를 거칠수록 점차 희석되고 있는 듯하다. 사회적인 분위기와 과학의 발전이 그들을 한껏 자유롭게 했다. 그러다 보니 능동적으로 불합리한 것에 분노할 줄 알고, 선행을 베푼 가게 사장님을 돈쭐(?)낼 줄 안다. 회사에서도 마찬가지다. 불합리한 업무 분배나, 불공정한 고과, 합당하지 않은 성과급 등 회사에 오면 우리 MZ세대는 분노할 것 천지다. 새로운 문화에 우리 이전 세대 상사들은 당황했고, 어쩌면 서운한 감정까지도 들었을 수 있다. 그들이라고 불합리하고 불공정한 것을 모를까? 알면서도 조직을 위해, 회사를 위해 침묵하고 참아 온 것이다. 하지만 MZ세대는 어렸을 때부터 자유롭게 표현해왔기에 회사에서도 당연하게 공정을 표현하고 있을 뿐이다.

회사에서도 이들의 자유로움을 포용하려는 노력을 하고 있다. 특히나 IT업계를 중심으로 MZ세대를 위한 맞춤형 제도와 복지를 활발하게 보여준다. 자율출퇴근제를 통해 유연하게 근무할 수 있는 환경을 만든 것부터 눈치 보지 않고 연차를 사용할 수 있게끔 리프레쉬 휴가 제도까지 회사마다 다양한 자유로움을 추구하고 있다. 더 이상의 딱딱한 근무환경과 조직문화는 업무효율성을 오히려 저해하는 요인으로 지적받고 있기 때문에 이러한 변화는 모든 세대에게 환영할 만하다.

하지만 꼭 새로운 세대의 자유로운 표현은 항상 기성세대와의 갈등을 불러일으킨다. 사실 오프라인으로 대면해서 마주하는 경우엔 이런 갈등이 표출되기 어렵지만, 블라인드Blind와 같은 직장인 온라인 플랫폼에서는 아주 활발하게 의견 개진과 반박이 이어진다. 이 같은 회사에서의 자유로운 표현이 갈등을 조장한다고 보는 것보다는 새로운 변화와 시도를 위한 합의점을 찾는 기회로 여겨 보는 것은 어떨까. 구성원들의 입과 행동을 막기만 하면 조직은 그대로 딱딱하게 굳어질 뿐이다.

공정은 사회적으로 중요한 가치이고, 이는 회사에서도 마찬가지이다. 부당한 대우와 불합리한 처사를 적극적으로 표현해야 엄청나게 딱딱한 이 사회와 조직을 그나마 물렁물렁하게 만들 수 있지 않을까? 나는 회사에서 이러한 MZ세대의 공정함에 대한 요구가 옳은 방향이라고 본다. 하지만 이전 세대와의 갈등을 조장하며, 극단적으로 주장하는 것은 서로에게 상

처만 남긴다. 이전 세대는 참신함의 눈으로, MZ세대는 배려의
말로 공정이라는 가치를 자연스럽게 융합했으면 한다.

80년대 생도 의아한 MZ세대의 회사생활들

나는 80년대 생이고 MZ에서 M을 담당한다. 나와 후배들이 회사생활에서 MZ세대의 특징을 나타내고 있다. 대략 요약해보면, 공정성을 요구하고 회사와 개인을 분리하며, 저녁 회식을 싫어하는 모습이 담겨 있다. 회사 후배들이 나에게 솔직하게 표현해준 것을 정리한 것이지만, 이게 일반적인 MZ세대의 특징이라고 단정지을 순 없다. 왜냐하면 나도 MZ세대에 속하지만 후배를 통해 새롭게 깨달은 바가 많기 때문이다.

MZ세대는 알다시피 1980년대 생부터 2010년대 초반 생의 넓디넓은 범위를 갖는 세대이다. 어쩌다 이렇게 폭넓은 세대의 범위가 하나의 용어만으로 묶였는지 모르겠다. MZ세대와 관련된 특징을 담은 기사와 글들이 쏟아지고 있지만, 같은 MZ세대에서도 자신이 속한 세대의 특징들을 보고 있노라면 의아한 경우가 많다. 이번에는 많이 남용되고 있는 MZ세대란 용어에 대해 다시 한 번 돌아보는 계기를 갖고자 한다. 지금부터 80년대 생이자 MZ 선봉대인 내가 의아하게 생각하는 MZ세대의 회사생활의 특징들을 정리해보도록 하겠다.

칼퇴해보겠습니다!

MZ세대의 가장 큰 오해 중 하나가 회사와 개인의 삶을 분리함으로써 오는 '무책임함'이다. 마치 회사 일을 내팽개치고 개인 생활만 챙기는 이기적이고 개인주의적인 모습으로 비치기도 한다. 하지만 과거에 회사에만 종속되어 개인의 삶을 오롯이 바치고는 하루아침에 버려지는 불합리한 모습을 아버지 세대를 통해 간접 경험했다. MZ세대는 그것을 미연에 방지하고 회사에만 목매지 않도록 개인의 삶을 균형 있게 맞추려는 처절한 노력을 하고 있을 뿐이다. 하지만 이미 굳어진 회사문화에 있어서 개인이 이러한 '워라밸'의 개념을 추구하기란 쉽지 않다. 여전히 회사에서 눈치를 많이 보고 있는 세대도 MZ세대이기 때문이다. 현실에서는 선배들에게 말하지 못하는 부분을 온라인상에서는 시원하게 또는 일부 과장되게 털어놓는다. 이게 왜곡되어서 MZ세대의 특징으로 치부되는 것이다.

물론 이러한 특징을 현실에서 실천하는 사람도 있겠지만, 내 생각엔 이런 사람들은 극히 일부일 것이라고 생각한다. 내가 다니는 회사에서는 선배들이 업무가 쌓여서 야근을 불사하고 처리하느라 여념이 없는데, 내 일 아니라는 듯이 '칼퇴해보겠습니다!' 하고 말하는 MZ 후배는 없었기 때문이다. 개인의 워라밸을 챙기기 위해 본인이 맡은 업무를 내팽개치고 업무시간이 종료되면, 바로 짐 싸고 나가는 무책임한 모습을 현재 통용되는 MZ세대라는 용어에 녹인다는 것은 개인적으로 의아하다는 생각이 든다.

MZ세대의 특징 중 하나는 남들에게 피해를 주는 것을 싫어하는 경향이 있다는 것이다. 본인이 납득할 수 있고 수긍이 가능한 객관적 업무분장을 통해 주어진 일이라면, 책임을 다해 처리함으로써 동료들에게 피해를 주지 않으려는 모습을 보인다. 만약 일정이 지연되거나 피치 못할 사정으로 본인이 맡은 업무에 공백이 생긴다면, 이로 인해 피해를 보는 사람에게 미안한 감정을 솔직하게 전하고, 본인의 미숙함을 인정하는 태도를 보인다.

이러한 태도도 실제로 본인이 맡은 일에 대해 책임을 지는 행동이라고 볼 수 있다. MZ세대는 단지 본인이 맡은 업무를 효율적으로 빠르게 처리하여 퇴근 시간을 앞당기려는 노력을 할 뿐이다. 기성세대에서 누적되어 온 불합리하고 비효율적인 업무 방식을 스스로 개선하여 동등한 업무량을 확보한 채 정시 퇴근을 거론하고 있는 것이므로, 기성세대는 선입견이 가득한 눈으로 이러한 태도를 무책임하게 일찍 퇴근하려고만 한다는 식으로 바라보지 않았으면 좋겠다.

저녁회식은 참석 못 하겠는데요!

코로나 이후로 저녁회식문화는 많이 사라지는 추세다. 점심식사나 선물로 대체되는 경우도 있다. 실제로 우리 회사에서도 저녁회식의 빈도수가 상당히 줄어들었다. 코로나 전에는 분기마다 최소 두 번씩은 여러 사유로 회식이 잡혔던 것 같은데, 코로나가 극심한 시기엔 전혀 회식이 없었고, 코로나가 완전히 종식되진 않았어도 지금은 반기에 한 번 정도 하고 있다. 이런 상황에서 MZ세대는 저녁회식을 참여하는 것을 '극혐'하고 있다. 물론 이런 저녁회식이 업무의 연장이라 생각하기도 하고, 다른 대안이 있는데 꼭 저녁에 술을 마셔야 하는지에 대해 불만을 털어놓는 사람들이 있다. 하지만 막상 저녁회식이 잡히면 참석 안 하겠다고 표현하는 사람은 잘 없다. 아무리 MZ세대가 당당한 세대로 표현되지만, 모두가 참석하는 회식에서 나만 쏙 빠진다고 말할 수 있는 사람이 얼마나 있을까.

개인적으로 내 주변에선 그런 위풍당당한(?) 태도를 가진 사람은 아무도 보지 못했다. 억지로 끌려가든 자발적으로 참석하든 1년에 한두 번 정도 하는 저녁회식은 대부분 참석하고 있다. MZ세대라도 회사생활이 사회생활의 일부이고, 회식도 회사생활의 연장이라고 생각하기 때문에 '저녁회식은 참석 못하겠는데요!'라고 자신감 있게 말할 수 있는 MZ세대는 흔치 않다. 개인적으로 나도 MZ이지만 회식을 기대하는 사람 중 한 명이다. 회식을 통해 구성원들의 새로운 매력도 볼 수 있고, 회사에선 말하지 못한 새로운 소식도 듣게 되는 뜻밖의 재미가 있기 때문이다.

회식을 참석하는 데 의의를 둔다면 MZ세대는 전혀 문제될 것이 없다. 본인이 싫어도 조직에 피해를 주지 않기 위해서라면 억지로라도 참석을 하려고 노력하기 때문이다. 하지만 회식자리에서의 태도까지는 숨기기가 힘든 게 사실이다. 아무래도 예전처럼 적극적으로 부어라 마셔라 하는 후배들은 잘 없다. 술자리에서 선배들의 얘기를 진심으로 오래도록 귀 기울여 들어주는 것도 마찬가지다. 따라서 회식문화를 바꾸려면 선, 후배 사이 서로 공감할 수 있는 자리가 되어야 한다. 기왕 회식을 하게 되어 억지로든 자발적이든 참석하게 되었으면 모든 구성원들이 밀도 있는 친목의 시간을 가질 수 있도록 하는 게 좋겠다. 그래야만 회식이 진정한 의미를 가질 수 있고 참여한 구성원들이 더 이상 괴로운 시간을 버텨 내는 자리가 아닐 수 있다. 그렇게만 된다면 MZ세대를 회식을 거부하는 무책임한 세대로 몰아가는 일 또한 없어질 것이라고 본다.

그렇다면 전 퇴사하겠습니다!

신입사원의 퇴사율이 점차 높아지는 추세라고 한다. 하지만 이를 MZ세대는 포기가 쉽다는 인식으로 오해하면 안 된다. 시대적인 상황과 사회적 현상을 같이 놓고 보아야 하기 때문이다. 대표적으로 예전보다 회사가 주는 월급만으로 살아가는 것이 힘들어진 현실이 있다. 예전엔 꼬박 나오는 월급만 저축하면 집을 사서 늘려 가는 게 가능했다. 물론 당시에도 직장인이 집을 마련하기란 쉽지 않았겠지만, 지금은 월급만으로 내 집을 마련한다는 게 하늘의 별따기처럼 더욱 어려워진 실정이다. 그러니 투 잡, 쓰리 잡에 부업에 투자까지 손을 대고 있다. 이렇게 치열하게 살아가는 세대에게 포기가 빠르다는 말은 너무 억울하다는 생각도 든다.

퇴사라는 결심을 하는 데 있어서 그 이유를 MZ세대라는 특징에서 찾기보다는 그 사람 전체의 삶을 토대로 찾아보는 게 맞다. 왜냐하면 퇴사를 결심하는 이유는 사람들마다 각양각색이기 때문이다. '적성이 나와 맞지 않아서, 돈벌이가 생각보다 적어서, 더 좋은 기회가 있어서, 인간관계에 트러블이 생겨서, 스트레스로 인해 건강이 악화되어서, 아이를 돌보기 위해서…' 등등의 다양한 이유가 있다. 당당히 아무렇지 않게 퇴사하는 모습을 MZ세대만의 특징으로 치부하지 않도록 해야겠다. 퇴사할 때 정식 프로세스를 갖추고 남아 있는 사람들에게 피해가

가지 않도록만 한다면, 당당한 자세로 퇴사를 말한다고 해도 전혀 문제될 것이 없다. 무책임하게 퇴사를 통보하고 나가 버리는 일부 몰상식한 소수 인원에 대해 모든 MZ세대가 불필요한 오해를 받을 필요는 없다는 것이다.

지금까지 MZ세대의 선봉대이자 80년대 생인 내가 생각하는 'MZ세대가 겪는 회사생활에서의 오해'를 다루어 보았다. 문제는 너무나 넓고 다양한 세대를 하나의 용어로 묶어 버린 것에서 비롯된 것이라고 하겠다. MZ세대의 특징이라고 인터넷에 떠도는 것들이 실상 모든 MZ세대를 대표할 수는 없기 때문이다. 실제로 '모든'이 아니라 '대부분'을 나타내기도 어려운 실정이다. 앞에서도 내 회사 후배들을 통해 깨달은 특징을 MZ세대와 묶어서 표현하였지만, 이게 꼭 MZ세대 전체를 대표한다고 말한 것은 아니었다. 세대 사이의 갈등을 조장하기 위한 것은 더욱 아니었다. 그저 회사문화가 이들로 인해 더욱 포용적이고 발전적으로 바뀌길 바라는 마음이었다.

이젠 MZ세대라는 용어를 다루는 데 있어서 더욱 조심해야겠다는 생각이 들고, 불필요한 오해가 생기지 않도록 남용하지 말아야 하겠다. 구성원이 삶을 살아가면서 생기는 인식의 변화에 따라 사회가 변화하고 그로 인해 회사문화도 변화하기 마련이다. 그 변화를 긍정적이고 발전적인 방향으로 이끌어 가는 것도 결국 구성원의 몫이다. 단 그런 변화를 한 세대에게만 독박(?)을 씌우는 것은 불합리하다. 모든 세대가 함께 변화에 기여해야만, 모든 세대가 행복한 문화로 자리하지 않을까 한다.

직장생활 10년, 젊은 꼰대를 탈피하는 4가지 방법

나도 어느새 직장생활을 한 지 10년이 지났다. 사실 이 10년이란 세월이 어떻게 지나갔는지 모르겠지만, 뒤를 돌아보니 나를 바라보고 있는 후배들이 꽤 생겼다. 10년 동안 회사는 나를 이 조직에 적응하게 했고, 이젠 스스로 날아 보라고 등 떠미는 중이다. 그러다 보니 나도 여느 선배들처럼 조직에 순순히 물들어 가고 있다. 내가 신입일 때 10년 차 선배들은 대단해보였고, 이따금 무서워 보이기도 했다. 이번에 들어온 신입이 나를 그렇게 보고 있을까 문득 궁금해졌다. '꼰대'라는 용어는 권위적인 사고를 가진 어른이나 선생님을 비하하는 학생들의 은어였지만, 최근엔 주변의 의견에는 귀를 닫고 자기의 구태의연한 사고방식만을 타인에게 강요하는 직장상사나 나이 많은 사람을 가리키는 말로 변형되었다.

본인이 꼰대인지 아닌지 알려주는 '꼰대력 테스트'를 인터넷에서 쉽게 해볼 수 있다고 하니 혹시나 본인이 궁금하다면, 한번쯤 도전해보는 것도 나쁘지 않겠다. 내가 신입일 때는 이런 꼰대라는 용어보다는 세대차이라는 용어가 더 많이 쓰였던 것 같다. 점차 세대차이가 극심해지고 이 용어로는 젊은이들이 기성세대의 딱딱한 가치관을 비판하기엔 부족했기에, 결국 꼰대라는 비꼬는 방식의 용어가 각광받고 있는 듯하다.

꼰대는 그냥 세대차이고 그러려니 하며 넘어갈 수 있지만, 문제는 '젊은 꼰대'이다. 자신과 비슷한 세대임에도 불구하고 꼰대와 같은 사고방식을 갖고 있는 사람들이다. 이 사람들은 후배들에게 더욱 배신감을 들게 하고, 회사생활을 정말 힘겹게 만든다. 어쩌다 이런 젊은 꼰대가 탄생했을까? 그들의 사고방식이 어쩌다 같은 세대 사이에서 차이를 불러왔을까? 그들의 삶을 면밀히 들여다봐야겠지만, 그들도 그들 나름대로 이유가 있지 않을까 생각해본다. 어쨌든 본인이 스스로 '젊은 꼰대'라는 인식이 있거나, 회사에서 동기나 후배들과 멀어지는 게 느껴진다면 한번 곰곰이 생각해보고, 내가 제시하는 방법들을 써보도록 하자. 나는 회사 후배들과 몇 년째 허심탄회하게 잘 지내고 있고, 내 밑으로 들어온 인턴들과도 트러블이 전혀 없었으니 내가 하는 방식대로만 해도, '젊은 꼰대'라는 말은 본인 사전에서 없어질 수 있을 것이다.

첫째, '우린 동등한 관계고, 나는 네 편이야'라는 인식을 준다. 후배라고 해도 얼마 차이도 나지 않는다. 10년 이상 차이가 나는 게 아니라면, 그들이나 나나 똑같이 회사에서 하라는 대로 하는 실무자일 뿐이다. 어차피 똑같은 월급쟁이고, 똑같은 직장인이므로, 조금 일찍 들어왔다고 해서 군대처럼 권위의식을 가질 필요가 없다. 그냥 같이 사회생활하는 동지로서 너도 힘들고 나도 힘들고 다 같이 힘들기에, 같은 처지라는 생각을 가져 보도록 하자. 내가 싫어하는 회사용어 중에 사수, 부사수 관계가 있다. 이는 군대에서 쓰던 용어가 회사에까지 확장된 것이라고 볼 수 있는데, 직접 방아쇠를 쥐는 사람을 사수라 하고, 뒤에서 탄약을 지원하는 보조 병사를 부사수라고 한다.

회사에서도 마찬가지로 주어진 업무를 끌고 가는 사람을 사수라 하고, 뒤에서 실무를 배우며 사수의 업무를 지원하는 사람을 부사수라고 할 수 있겠다. 이러한 관계는 체계적인 업무처리가 가능하다는 장점이 있는 반면에, 자칫하면 서열에 따른 권위와 복종의 관계로 빠져 버릴 수 있다. 단점이 부각되는 관계의 부작용은 권위적인 꼰대를 양산할 가능성이 높다. 그러므로 사수, 부사수 용어보다는 파트너나 동료와 같은 관계 용어에 익숙해지는 것이 젊은 꼰대를 벗어날 수 있는 길이다.

둘째, 그들의 불만을 많이 들어줘라. 회사생활을 하면 어쩔 수 없이 불만이 생기게 마련이다. 회사 자체에 대한 불만, 팀장에 대한 불만, 선후배 사이의 불만 등 불만 천지다. 후배들은 불만이 생기면 보통 먼저 가장 가까운 동기들과 함께 나눈다. 그러다가 어느 정도 자기 불만의 타당성이 확보되면, 팀 내의 가까운 선배들에게 하소연하기 시작한다. 이때가 기회다. 평소에 후배들과 사사로이 커피를 마신다면, 이런 불만이 접수되었을 때 잘 들어주며 공감해주도록 하자. 같이 욕해줄 필요까진 없지만, 절대 거기서 불만을 말하는 후배의 잘못을 지적할 필요는 없다.

그러는 순간 바로 역효과로 '젊은 꼰대'의 낙인이 찍힌다. 그 자리에서는 일단 듣는 것만으로 넘어가고 어느 정도 후배의 감정이 추슬러졌을 때 다른 자리에서 현명한 방법으로 후배의 잘못된 점을 알려 주는 것이 좋겠다. 가장 좋은 타이밍은 후배가 선배에게 먼저 조언을 구하거나, 직접적으로 고민을 털어놓으며 어떻게 하면 좋을지 물어 보는 경우다. 이럴 경우에는 이전에 후배가 잘못 생각했었던 불만을 살짝 끄집어내어 무엇이 문제였고, 어떻게 개선하면 좋을지를 함께 논의해보면 좋겠다. 일방적으로 지시하는 것이 아니라 함께 풀어간다는 느낌을 주는 것이다. 이런 방식의 조언 또는 충고는 어느 정도는 괜찮다고 본다.

셋째, 그들이 바뀌길 원하는 것을 자연스럽게 공론화한다. 후배들이 무조건 예뻐 보일 수는 없다. 본인 마음에 들지 않는 행동을 하거나, 회사생활에서 선을 넘는 행동을 했을 때 바로 그 순간 그 자리에서 버럭 하지 않아야 한다. 분명 직장생활에서 후배가 잘못한 것은 선배로서 지적하는 게 맞다. 그래야 그 후배도 발전이 있을 테니 말이다. 그러나 그 단조롭고 딱딱한 지적질은 그들에게 반발심만 불러올 뿐이다. 먼저 타이밍을 잘 잡는다. 회식 자리에서나, 다른 사람들과 커피를 마시면서 화기애애한 분위기가 좋다. 자연스럽게 대화를 이어가다가, 후배의 잘못된 행동에 대해 다른 사람의 의견을 묻는다.

예를 들면 이런 것이다. "아 맞아! 제출기간 말하니까 생각났는데, ○○후배야! 그때 제출기간 언제쯤 남았을 때 나한테 보냈지? 퇴근시간 5분 남았을 때 보내면 나 야근하라는 거 맞지?" 가장 좋은 건 그 후배와 비슷한 연배의 다른 후배들에게 들어보는 것이다. 그럼 그게 정말 화낼 만한 상황인 건지, 잘못을 한 후배가 정말 잘못한 건지 공론화가 되면서 자연스럽게 그 후배를 내 입에서 직접 나오지 않은 말로도 지적할 수 있게 된다. 조금 어렵지만 '농담 반, 진담 반 전법'이 관계가 틀어지지 않게 지적하는 방식이다.

이 방식으로 후배는 기분이 덜 나쁘게 본인이 어떤 문제로 지적받고 있는지 인지할 수 있을 것이다. 이제 행동을 고치고 말고는 그의 몫이 되고, 한 번 어떠한 방식으로든 지적을 했으면 참을성 있게 기다릴 줄 알아야 한다. 수시로 이를 확인하고 물어보고 따지게 되면 잔소리로 여겨져서 역효과만 발생하기 때문이다

　마지막으로, 평소에 장점을 부각하여 칭찬을 많이 해주자. 칭찬을 싫어하는 사람은 없고, 더군다나 직장생활에서 관찰한 나만의 장점을 잘 잡아내서 칭찬해주면 더할 나위가 없다. "○○씨는 일처리 속도가 정말 빨라!", "○○씨는 항상 겸손해서 주변에 사람이 많은 것 같네.", "이정도로 세심하면 어떤 일이든 믿고 맡길 수 있겠는데?" 그들은 이러한 칭찬을 듣는 순간 바로 나를 세심하고 안목이 좋은 선배로 인식하게 될 것이다. 그렇다는 건 '젊은 꼰대'와는 정말 반대되는 개념이 되므로, 그들에게 좋은 이미지로 남아 있기 수월해진다.

　앞서 제시한 세 번째 '지적 공론화' 방식은 복잡한 면이 있으므로, 이미 칭찬 분위기를 한껏 끌어올려놨다면, 직접적이고 간단한 방식으로 한두 번 지적하더라도 '역시 세심하시니까 내 잘못도 확실히 짚어주시는구나, 내가 잘되길 바라는 마음으로 말씀하신 거니 고치려고 노력해봐야겠다!'라는 생각도 들 수 있을 것이다. 생각보다 우리는 회사생활을 하면서 후배뿐만 아니라 동료, 선배, 팀장에게 칭찬 한 마디 건네는 것이 쉽지만은 않다. 이게 구조적인 문제인지 사회적 문화에서 비롯된 것인지 모르겠지만, 전반적으로 이런 칭찬의 문화를 만들고 주도하는 사람을 결코 나쁘게 볼 수는 없을 것이다. 조금만 더 적극

적으로 칭찬하고, 조금만 더 세심하게 관심을 기울이는 노력을 해보는 것만으로도 본인의 직장 내 이미지를 업그레이드 할 수 있을 것이다.

이렇게 젊은 꼰대를 탈피하는 방법을 네 가지 정도를 추려보았는데, 한 문장으로 말한다면, '권위의식 없이 동등한 관계에서 경청하고, 지적은 칭찬과 함께 최소한으로 하는 것'이라고 볼 수 있겠다. '젊은 꼰대'의 문제는 사실 본인들이 '젊꼰젊은꼰대의줄임말'이라는 것을 모른다는 것이다. 이건 정말 답이 없다. 주변에서 아무리 말해줘도 '그게 무슨 문제야?'라는 식의 태도로 일관하는 사람이라면 최대한 멀리하는 게 좋겠다.

내가 제시한 방법은 자의든 타의든 '젊은 꼰대'라는 인식을 갖게 되어, 그 이미지를 탈피하고자 노력하는 사람들에 한해 도움이 될 만하다고 생각한다. 일반적인 꼰대는 나이와 세대의 차이가 크므로 그러려니 넘어갈 수도 있지만, 젊은 꼰대는 동등한 세대의 구성원들을 더욱 심리적으로 힘들게 만드는 경향이 있으므로 본인이 MZ세대에 속해 있으면서도 같은 세대의 동료들과 거리감이 생기는 듯한 느낌이 든다면, 한번쯤은 본인의 태도를 점검해볼 수 있는 기회를 가져 보는 게 좋겠다.

회사에서의 '자발적 혼밥'이 좋은 이유

나는 코로나 이후로 회사에서 '자발적 혼밥'을 하고 있다. 자발적이란 누가 시키지 않고 스스로 행한다는 것이고, 혼밥은 혼자서 밥 먹는다는 것을 줄여서 말한 것이다. 코로나가 터지고 나서 식당에는 칸막이가 설치되고 한 칸 띄어 앉기를 해야 했다. 그러다 보니 팀원들이랑 식당까지는 같이 가더라도, 배식을 받고 앉아서 먹을 땐 오로지 혼자였다. 처음에 굉장히 어색했다. 우리 팀은 코로나가 터지기 전까지만 해도 식당에 전용 팀 자리를 암묵적으로 만들어놓고, 그 자리에 모두 모여 점심식사를 했다. 이 문화를 코로나가 확 바꿔 놓은 것이다. 분명히 팀원들이 함께 모여 식사를 하는 것도 물론 의미가 있을 것이다.

하지만 나는 코로나가 불러온 마법 같은 변화가 내심 반가 웠다. 그러다 최근 들어 코로나가 잠잠해지니, 칸막이는 유지 되었지만 슬슬 띄어 앉기가 사라지고 있다. 점차 칸막이도 없 어지고 사람들이 끼리끼리 모여서 식사를 하고 있다. 어쩔 수 없는 인간의 본능인가 보다. 하지만 나는 그 무리에 끼지 않기 로 했다. 나 스스로 자발적 혼밥을 자처한 것이다. 왜냐하면 회 사에서의 자발적 혼밥이 주는 좋은 점을 놓치고 싶지 않았기 때문이다.

나만의 페이스대로

자발적 혼밥이 좋은 이유 첫 번째는 오로지 나만의 시간으 로 식사를 할 수 있다는 것이다. 식사를 하러 가는 시간도 내 마음대로 조정할 수 있다. 일을 하다 보면 식사시간보다 좀 일 찍 마무리될 때가 있고, 늦어지는 경우도 생기는데 허둥대지 않고 내가 원하는 시간에 식사를 하러 갈 수 있다. 물론 12시부 터 1시까지 딱 1시간의 점심시간이 주어지므로, 최대한 11시 55분에 가려고 노력한다. 직장인에게 점심시간은 매우 소중하 기 때문이다. 그리고 식당에 가면 메뉴를 눈치 보지 않고 선택 할 수 있다. 한식, 양식, 건강식 코너가 있는데, 요즘엔 체중관 리를 위해 건강식을 주로 먹는 편이다. 건강식의 장점은 먹는 사람들이 얼마 없어서 줄을 서지 않고 바로 배식을 받을 수 있다는 점이다. 또 시간을 벌었다! 이제 구석자리로 가서 앉는다. 최대한 남들의 시선을 피해야만, 내 옆에 아는 사람이 올 확률이 줄어들기 때문이다.

그리고 핸드폰을 열고 오늘의 뉴스나 커뮤니티 눈팅을 하면서, 샐러드를 우걱우걱 먹는다. 또한 난 밥도 빨리 먹기 때문에, 어쩔 땐 식사를 다 마치는 데 5분도 안 걸릴 때도 있다. 좀 놀랐던 것은 언젠가 식사를 마치고 자리로 갔는데, 그때서야 팀 사람들이 밥을 먹으러 식당에 가는 것이었다. 시계를 보니 12시 3분. 나는 혼자 11시 55분에 칼같이 가긴 했지만, 점심시간이 시작되고 3분밖에 지나지 않았던 것이다. 살짝 민망했지만, 내심 기분이 좋았다. 남은 점심시간을 온전히 내 시간으로 활용할 수 있었기 때문이다.

나만의 페이스대로 점심을 즐길 수 있다는 것은 결국 점심 식사 시간만큼은 다른 사람들의 눈치를 보지 않는다는 의미이다. 점심시간이 가까워 와서 컴퓨터 모니터의 시계를 힐끔거리지 않아도 될 뿐만 아니라, 누군가, 특히 팀장이 식사하러 가자고 말이 나오기까지 좌불안석으로 자리를 지키지 않아도 된다. 더 나아가 점심시간이 지났음에도 윗사람들이 꿈쩍도 안하고 있는 것만큼 초조하고 답답한 일이 없는데, 이런 고초를 겪지 않아도 된다.

우르르 식당에 몰려가 엉겁결에 무리에 따라 메뉴가 비자발적으로 선택되는 경우도 피할 수 있고, 식사를 빨리 끝내면 빨리 끝낸 만큼 다른 사람이 다 먹을 때까지 멍하니 기다리지 않아도 된다. 함께 온 동료들보다 늦게 먹을 땐 눈치 보며 빨리 우겨넣거나 그만 먹어 버리고 마는 사태를 방지할 수 있다. 따라서 여러 가지 다양한 불상사(?)를 미리 피하기 위해서라도 혼자 밥 먹는 이미지를 만들어 놓으면 점심시간에라도 자유로움을 만끽할 수 있을 것이다.

점심시간 활용법

자발적 혼밥으로 얻은 소중한 시간, 45~55분 정도는 나의 자유시간이다. 이 시간에 얄밉게도 일에 대해 물어보는 사람도 있고, 잡담을 원하는 사람들도 있는데, 나는 피곤해서 잠을 좀 잘 거라고 핑계를 대고 자리에 앉는다. 컴퓨터 모니터를 다시 켜진 않는다. 남들에게 내가 점심시간에 뭐하는지 굳이 알려주고 싶지 않기 때문이다. 점심을 먹으면서 오늘의 뉴스는 대략 살펴보았지만, 좀 흥미로운 기삿거리는 자세히 읽어본다. 웃긴 얘기나 재밌는 댓글들을 읽으며 스트레스를 살짝 풀어주고, 본격적으로 모바일 앱을 활용해 책을 읽기 시작한다.

점심시간은 나만의 독서시간이다. 출근길에서 읽다만 책을 마저 꺼내 읽는다. 책을 읽지 않는 날에는 글을 쓰기도 한다. 현장에서 회사생활에 대한 글을 쓰니 더욱 생동감이 넘친다. 컴퓨터를 꺼둔 채 핸드폰으로 글을 쓰다 보면 머릿속에서 생각나는 것이 너무 많아 손가락이 엄청나게 바빠지는 경우도 있다. 읽고 쓰고 하다 보면 피곤이 몰려올 때가 있는데, 그럼 15분 정도 눈을 붙인다. 이 정도의 쪽잠만으로도 오후를 더욱 상쾌하게 맞이할 수 있고, 일의 능률도 상당히 올라가는 것을 느낀다. 50분 정도의 점심시간을 이렇게 나만의 시간으로 활용하니, 좀 더 인생을 꽉 채운 느낌이고, 뭔가 괜히 뿌듯함도 느낀다.

내가 점심시간을 보내는 루틴은 나에게 최적화 되어 있지만, 주변을 관찰해보면 다양하게 점심시간을 활용하고 있다. 혼밥이 좋은 점은 결국 점심시간을 유연하게 활용할 수 있다는 것이다. 식사시간을 좀 더 여유롭게 천천히 음미하고 싶다면, 주어진 1시간의 범위 내에서 식사시간에 할애를 많이 할 것이고, 식사가 끝나고 '어떠한 것'을 하는 시간을 더 늘리고 싶다면, 식사를 최대한 빨리 끝내려고 노력할 것이다. 그 어떠한 것은 사람들마다 각양각색인데, 나처럼 책을 읽는 사람도 많다. 다른 점은 나 같은 경우엔 모바일 앱을 활용하는 반면에 실제로 종이 책을 들고 와서 읽는 것이다.

단점은 지나가면서 사람들이 무슨 책인지 물어보고 관심을 갖는다는 것이다. 전자책은 그럴 가능성이 적어서 혼자만의 점심시간을 갖는 데 더 유리한 면이 있다. 점심시간을 독서로 활용하는 것 외에도 회사 주변을 산책하며 걷기 운동을 한다거나, 동료들과 커피를 마시며 사람들과 함께 하는 것에서 에너지를 얻는 사람들도 있다. 나 같은 경우는 회사업무 중에 사람에 치이는 일이 많아 혼자 있는 시간에 에너지를 충전하는 편이다. 그래서 혼자만의 점심시간을 충분히 확보하기 위해 자발적인 혼밥을 선행하는 것이라고 보아야 하겠다.

지속 가능하기를…

실내에서의 마스크 착용은 의무는 해제되었지만, 나는 코로나가 완전히 종식되더라도 '자발적 혼밥'을 유지할 생각이다. 주변에서 나를 그렇게 놔둘까. 가능한 방법은 남들이 잘 안 먹는 건강식을 나는 지속적으로 먹는 것이다. 그럼 자연스럽게 혼자 먹을 수 있다. 생각보다 건강식을 이따금 먹는 사람들은 많아도 주기적으로 자주 먹는 사람들은 잘 없다. 그래서 가끔 건강식을 다른 사람과 같이 먹기도 하는데, 일시적인 현상일 뿐 곧 일반식으로 회귀한다. 그럼 난 또 자연스럽게 혼자만의 점심식사를 할 수 있게 된다. 건강식을 안 먹더라도 방법은 있다. 최대한 팀원들 뒤에 줄 서고 느리게 행동하여 팀원들이 다 앉았을 때 다른 자리로 가 앉는 것이다. 이건 눈치 챌 수도 있고 관계가 서먹해지는 부작용도 있을 수 있으니, 그냥 맘 편하게 건강식을 먹기로 한다. 그럼 먹는 사람이 잘 없어 줄도 안서니까 나만의 점심시간이 더욱 길어질 수 있다. 입맛만 좀 버린다면, 건강도 챙기고 시간도 챙기고 1석 2조다. 곧 코로나라는 질병은 종식되겠지만 나의 치열한 '자발적 혼밥'만큼은 누구에게도 방해받지 않도록 할 것이다. 몇 년 동안 이렇게 혼자 먹다 보니, 최적의 구석자리를 찾았고, 팀원들은 여기까지 올 일이 거의 없다는 것을 알게 되었다.

회사에서 점심시간은 팀원들과 식사를 하며 서로 소통하는 자리라고 생각하는 사람들도 꽤 많다. 그러나 실제로 일일 근무시간에 점심시간은 제외되어 있다. 이는 공식적으로 점심시간은 업무시간이 아니라는 뜻이다. 결국 점심시간 동안은 내 마음대로 시간을 보내도 되는 것이다. 하지만 보통의 사람들은 배식을 받고 자연스레 앉다 보면, 일로는 전혀 관련이 없는 팀원들과도 이런저런 잡담을 하기도 한다. 잡담 속에는 업무시간에 하기는 가볍고, 따로 시간 내서 말하기는 부담스러운 그런 업무 얘기도 껴 있기에 좋은 면도 있다고 볼 수 있다.

하지만 좀만 더 생각해보면, 이런 소통과 업무 얘기는 충분히 업무시간에 할 수 있는 것들이다. 굳이 하루 8시간 근무에 포함되어 있지도 않은 점심시간에 눈치까지 보면서 이런 거추장스러운 활동을 해야 하는지 의문이다. 업무 얘기는 최대한 업무시간에 하고 점심시간만큼은 온전히 내 시간으로 만드는 게 좋겠다. 점심시간 동안 에너지를 충분히 충전하고 업무시간에 더욱 집중할 수 있는 패턴을 만든다면, 그게 회사 입장에서도, 내 입장에서도 훨씬 효율적인 시간관리가 아닌가 싶다.

회사생활에서
내 사생활을 지키는 법

회사생활을 하다 보면 어쩔 수 없이 사생활이 오픈되는 경우가 생긴다. 아무리 친한 사람들과만 얘기를 나눈다고 하더라도 그 얘기가 전달되고 또 전달된다. 결국 모든 팀원이 내가 말하지 않아도 알게 되는 것이다. 회사에는 비밀이 없다. 내 입에서 말이 나오는 순간 확성기를 통해 퍼져나간다고 생각하면 된다. 회식 때 나도 모르게 술 취해서 했던 얘기들이 부메랑이 되어 돌아오기도 한다. 그러면 속으로 이런 생각까지도 하게 된다.

'어떻게 나에 대해서 여기까지도 알고 있는 거지?'

내 기억을 더듬어 보기 시작하지만, 누구에게까지만 말한 건지 헷갈리기만 하다. 그러다 결국 포기하고 이런 마음을 먹는다.

'이제 내 개인 얘기는 줄이고, 업무 얘기만 나눠야겠다.'

하지만 사람이란 아무리 회사라고 해도 더불어 살아가는 존재이기 때문에 자발적으로든, 반 강제적으로든 내 얘기를 하게 된다. 자발적인 경우는 다른 사람 얘기를 듣다가 입이 간지러워서 "맞아, 나도 그래. 난 말이야…"로 시작하며 사생활을 늘어놓기 시작한다. 반 강제적인 경우는 상대방이 자신의 얘기를 끝내고 "넌 어때?"라고 물어보거나, 그런 눈빛을 보내는 것이다. 어색한 침묵이 싫어서 결국 내 얘기를 꺼내놓기 시작하면 상대방은 흡족한 듯 고개를 연신 끄덕인다. 그렇게 내 사생활은 하나, 둘 씩 열리고 만다.

사생활이 좀 알려지는 게 그리 나쁘지만은 않다. 평소 일 얘기만 하는 것도 분위기가 삭막할 것이기 때문이다. 개인적인 얘기가 사회적 관계에 있어서 어느 정도 윤활제 역할을 해주기도 한다. 상대방이 나에게 쉬이 관심을 표현하고 싶을 때 이렇게 묻는다. 모두 개인적인 답변을 해야 하는 것들이다.

"아침은 먹고 다니는 거야?"

"아이는 잘 커?"

"주말엔 뭐 해?"

"취미가 뭐야?"

보통 이런 식의 질문들을 하게 되는데, 여기서 본인의 태도를 어떻게 가져갈 것인지 결정해야 한다. 나는 어느 정도 사생활이 밝혀져도 괜찮다고 보는 관점이라면, 생각나는 대로 솔직하게 얘기하면 되겠다. 이런 사사로운 얘기들이 개인적 친분으로 발전하는 경우도 많이 봤다. 대게 이런 식이다.

"어? 너도 ○○대학교 졸업생이야?"

"뭐야, 너도 그 동네 살았었어? 거기 맛집 ○○가게 알지? 내 단골이었는데…"

"어? 너도 조기 축구해? 어디 팀이야? 같이 공 한번 차자!"

이러다가 둘 도 없는 친구가 되기도 한다. 하지만 이런 식으로 사생활이 한 번 공유되고 나면, 회사에서는 나의 개인생활을 모두가 알게 되는 것이다. 그렇다면 반대의 관점에서 내 사생활을 전혀 알리고 싶지 않거나, 최소한으로만 알려지고 싶다면, 어떻게 상대방이 기분 안 나쁘고 슬기롭게 대처할 수 있을까? 거짓을 티 내지 말고, 회사와 모든 걸 엮으면 된다.

Q **아침은 먹고 다니는 거야?**
A 회사 구내식당에서 대충 먹어요. 아침도 먹을 만하더라고요!

Q **아이는 잘 커?**
A 회사 일이 바빠서 잘 못 봐요⋯ 알아서 잘 크기만을 바래야
죠! 신경 써 주셔서 감사합니다.

Q **주말엔 뭐해?**
A 평일에 회사에서 개고생 했으니까, 주말엔 집에서 쉬어야
죠⋯ 체력 보충해야지 또 다음 주에 열일하죠!

Q **취미가 뭐야?**
A 회사 일도 허덕이는데, 취미 만들 시간이 어디 있어요⋯ 집
에 오면 씻고 자기 바빠요⋯ 일이 좀 나아지면 그때 한 번
만들어 보려고요!

결국 내 사생활 얘기는 하나도 안 했지만, 뭔가 워커홀릭 같
기도 하고, 대화가 더 이상 이어지기는 어려워 보인다. 상대방
은 이런 답변을 듣고 뭐라고 느낄까?

'인생 참 재미없게 사네⋯'
'일 중독자야 뭐야⋯'

'나랑 친해지기 싫은가?'

이런 생각의 반응을 보일 가능성이 크다. 그렇다고 하더라도 스스로 사생활 지키기는 성공적으로 해냈다. 여기서 나는 내 사생활을 말하진 않았지만, 대신 관심을 좀 더 표현해주면 상대방의 세 번째 생각은 좀 사그라지게 만들 수 있다. 나에게 물었던 질문을 답하며, 반대로 상대방과 똑같은 질문을 덧붙이는 것이다.

"과장님은 회사에서 아침 드세요?"
"차장님은 애 키우기 힘들지 않으세요?"
"부장님은 골프 안 치세요?"

누군가는 좋다고 본인 얘기들을 꺼내놓을 것이고, 나는 상대적으로 리액션을 크게 하며 얘기에 집중하고 있는 모습을 보여주기만 하면 호감을 유지할 수 있겠다. 반대로 누군가는 내 답변을 듣고 본인도 방어적으로 말하는 경우도 있을 텐데, 그 사람과는 그 정도로 선을 긋고 생활하면 되겠다. 알다시피 회사에서 모두와 친해질 수는 없고, 내 사생활이 비공개일수록 그러한 친분관계는 더욱 줄어들 수밖에 없다.
회사에 친구 사귀러 오는 곳도 아니고, 적정한 거리만 유지한 채로 공적으로만 대한다면 앞서 얘기한 것처럼 충분히 사생활을 지킬 수 있다. 하지만 일이라는 게 결국 사람이 하는 것이기 때문에, 친분에 따라 업무 대응 속도나 질이 달라지기도 한다. 게다가 회사 내 사람 사이의 관계 속에서 새로운 기회를 얻기도 한다. 그러니 회사에서 사생활을 어느 선까지 오픈할 것인가가 더욱 중요한 고민거리가 되어야 할 것이다. 나 같은 경우엔 긍정적인 이미지를 보여줄 수 있는 것은 거의 다 오픈한다.

가정에 대한 것, 취미생활에 대한 것들이 해당된다. 반대로 부정적 이미지를 보여줄 수 있는 것은 숨긴다. 이직 준비는 곧 떠날 사람이라는 인식을 주고, 재테크, 부업, 사업, 커리어 전환 등 돈벌이 관련된 얘기는 성공하면 질투로, 실패하면 비웃음을 살 수 있기 때문에 최대한 피해서 얘기한다. 결국 본인만의 기준을 갖고 회사에서 내 사생활이란 윤활제를 어느 정도 뿌려야 인간관계라는 바퀴가 원활하게 잘 굴러갈 것인가를 생각해보면 좋을 듯싶다.

2장

신입생활 시작한 당신,
요건 꿈에도 몰랐지?

회사에서 신입사원들에게 기대하는 것들

　최근 우리 회사에 신입사원이 입사하였다. 신입사원이 들어올 때 기존 직원들은 약간의 기대감과 설렘을 갖게 된다. 나 또한 마찬가지였다. 후배들이 5명이나 있는데도 새로 들어오는 신입 후배에 대해 입사하기 전부터 궁금해 했다. 그래서 면접관으로 참여한 선배들 또는 팀장님한테 물어 본 경우도 있었다. 결국 입사 전부터 그의 신상은 이미 다른 팀원들도 대부분 알고 있는 상태였다. 내가 신입사원이었을 때도 다른 팀 선배들이 그런 마음이었다는 생각을 해보니, 뭐 이렇게 나를 어필하려고 노력했었는지 헛웃음이 나왔다. 새롭게 들어오는 신입사원에 대해 이렇게나 관심이 많은 이유에 대해 근본적으로 생각해보았다. 우리는 신입사원이 들어오면 무엇을 기대하는 것일까?

● 새로운 이야깃거리

우리는 신입이 들어오면 관심이 많다. 이미 신상 정보를 어느 정도 알고 있으면서도 구체적으로 파고든다. 신입의 입장에서 보면 취조당하는 느낌을 가질 수도 있는데, 기존 팀원들은 그의 새로운 이야기가 흥미진진하다. 그의 학창시절은 어떠했는지, 취미는 뭔지, 주량은 어떻게 되는지, 왜 우리 회사에 왔는지 등 물어볼 것 천지다. 이렇게 새로운 신입에 대해 관심을 크게 보이는 것은 기존 팀원들의 대화는 별 새로운 점이 없기 때문이다. 이미 신상 파악은 다 되었고, 그들의 말투와, 성향까지도 파악이 다 되었기에 기존 팀원들의 이야기는 충분히 예측 가능하다. 또는 이미 들어본 얘기를 다시 늘어놓는 경우도 많기에 지루한 느낌이 들기도 한다. 그래서 기존 팀원들끼리도 신입사원에 대해 서로 신상을 캔 것들을 공유하면서 새로운 이야기를 나눈다. 예를 들면 이런 식이다.

"이번에 들어온 신입사원 97년생이래. 97년도에 내가 뭐하고 있었지?"
"신입 주량이 소주 한 병이라는데? 나도 처음엔 한 병이라고 말했지…"

"이번 신입이 인천에서 오래 살았다는데, 거기에 뭐 있지?"

대략 이렇게 신입사원의 정보를 내 상황과 추억을 매칭하면서 주변 사람들과 이를 공유하는 것이다. 그러다보면 더 새로운 얘기들을 나눌 수 있고 회사를 다니는 마음가짐의 변화까지도 생길 수 있다. 신입사원의 존재만으로 팀에 뭔가 활력이 생기는 듯하다. 그만큼 기존 팀원들은 매일 똑같은 일상이 너무 지겨워서 새로움을 갈구하고 있었던 것이다. 새로 들어온 신입은 요즘 세대인 만큼 은연중에 요즘 세대의 이슈들을 대표하기도 하고, 기존 직원들에게 적극적으로 설명해주기도 한다. 요즘 세대는 어떤 곳을 자주 가는지, 무엇을 많이 보는지, 어디에 돈을 쓰는지, 어떻게 살아가고 있는지에 대한 대략적인 얘기들을 듣고 현실적인 요즘 세대의 특징들을 파악해볼 수 있다. 이것 또한 회사에서 들으면 흥미진진한 새로운 이야깃거리가 된다.

신입사원 시절에 대한 회상

신입사원과 대화를 나누다 보면, 항상 나오는 문구가 있다. "내가 신입일 때는 말이야…"가 바로 그것이다. 기존 팀원들은 신입이 들어왔을 때 자연스레 본인들의 신입시절을 회상한다.

항상 그 추억은 힘들고 고되며, 극복 과정은 아름답다. 결국 말하는 사람이 중심이 되는 얘기들이고, 듣는 사람은 수동적인 태도를 갖게 된다. 이렇듯 신입사원이 들어오면, 지속적으로 기존 직원들의 '라떼 스토리'를 듣게 될 텐데, 본인이 원하지 않는 얘기들도 억지로 들어야 하는 일이 생길 수 있다. 속으로는 '그래서 어쩌라는 거지?' 또는 '와…예전에는 그랬었구나!'로 나뉘게 될 것이다. 후자인 경우엔 다행이지만, 첫 번째 속마음 이더라도 신입사원일 경우에는 이를 겉으로 표현하기가 어렵다. 그러다 보니 화자 중심에서 신입이 들어왔을 때 본인들이 겪었던 신입시절 이야기들을 자랑스럽게 얘기한다.

물론 그 이야기 속에는 지금 들어온 신입이 가져야 할 태도에 대한 충고와 조언도 섞여 있다. 가장 좋은 건 신입사원이 원할 때 자신의 얘기를 하거나 조언을 해주는 것이다. 아무 때나 신입사원이 보인다고 무턱대고 본인 옛날 얘기를 늘어놓기보다는 정말 신입사원이 처한 상황과 필요한 정보를 고민하여 시기적절하게 얘기해주는 것이 좋겠다. 신입은 고개를 위아래로 헤드뱅잉 하듯이 흔들며 과한 리액션으로 그들의 이야기에 귀기울이는 척을 할 것이기 때문에, 기존 직원들은 더욱 신이 나서 기억 저편으로 사라진 추억까지도 억지로 꺼낸다.

나 또한 그랬다. 신입사원에게 내가 입사했던 시절의 회사 분위기, 나를 괴롭혔던 팀원들, 소심한 복수극, 성과를 만들기 위한 노력 등을 과도한 제스처를 하면서 늘어놓았다. 지금 생각해보면 내가 신입일 때도 똑같이 당했던(?)것 같다. 그래도 그때의 난 선배들의 옛 시절 회사 얘기가 재미있었고, 어떻게 회사생활을 해나갈지 대략적인 그림을 그릴 수 있어서 좋았다. 어쨌든 신입사원이 들어오면, 기존 직원들은 본인들의 신입시절을 다시금 회상하고, 운이 좋으면 그 신입시절의 마인드를 다시 회복할 수 있는 기회가 되기도 한다.

톡톡 튀는 아이디어

신입사원이 들어오면 업무적으로 기대하는 게 또 하나 있다. 물론 신입이 들어와서 어느 정도 회사에 적응하고, 현업의 업무를 나누어 하는 것은 기본 의무이다. 그 외에 현업에서 기존 팀원들이 머리를 맞대고 아이디어를 짜내도 도저히 새로운게 나오지 않을 때, 신입사원의 톡톡 튀는 새로운 아이디어를 기대하기도 한다. 특히 기업문화의 관점에서는 새로운 신입들의 아이디어를 갈구한다. 기존 팀원들은 회사에 일해오면서 지금의 기업문화를 만들어냈다. 하지만 기업문화라는 게 시대에 맞게 항상 유기적으로 변화해야 하기에, 회사는 지속적으로 새로운 기업문화를 만드는 노력을 아끼지 않는다.

여기서 신입들의 젊은 생각들이 젊은 기업으로 발돋움하는데 분명 도움이 된다. 그러다 보니 신입사원이 들어오면 항상 시대에 맞는 새로운 아이디어를 기대하게 된다. 기존 팀원들이 아무리 아이디어를 쥐어 짜내봤자 나오는 것들은 거기서 거기이기 때문이다. 사실 신입사원이 회사에서 신박한 아이디어 하나만 내 줘도 그는 그 해에 할 일은 다 했다고 본다. 우리 회사에서도 물론 신입사원을 뽑으면 기업문화 아이디어를 그의 머릿속에서 뽑아내는데, 그중 하나는 회사에서 업무 스터디 그룹을 만들어 회사에게 일정 부분 비용을 받아 활동하고, 그에 대한 성과를 팀원들과 공유하는 아이디어였다. 그 신입사원은 한 해 동안 팀장에게 엄청난 사랑(?)을 받았다. 왜냐하면 팀장은 기업문화 개선활동으로 임원에게 본인의 팀을 어필할 수 있었기 때문이다. 이처럼 신입사원에게 기존 팀원들이 고정관념에 빠져 절대 가질 수 없는 새로운 관점에서의 현업 아이디어를 은근 기대하곤 한다.

나는 신입사원이 들어와 회사에 적응할 때 안타까워하는 점이 있다. 바로 채 몇 달이 안 되어서, 기존 팀원들처럼 동조화가 되어 버린다는 것이다. 신입사원에게 있어서는 생존본능 상 기존 팀원과의 행동양식이나 사상을 맞춰 가는 것이 유리하기 때문에 어쩔 수 없는 흐름이지만, 나는 그래도 신입사원이 최소 1년 이상은 그 때를 벗지 않았으면 좋겠다. 신입은 신입 나름의 역할이 있고, 그 속에서 회사가 기대하는 바가 분명 있기 때문이다. 그리고 그 시절은 생각했던 것보다 절대 오래가지 않는다. 지금은 회사에 신입이 들어오면 퇴사부터 걱정한다. '이 신입은 언제까지 버틸까? 어디 회사에 이력서를 쓰고 있을까?'라는 부정적인 생각에 빠지기도 하는데, 신입에게 있어 이 회사가 더 이상 경쟁력이 없는 것인지 아니면 우리가 신입들에게 너무 많은 부담을 준 것인지 헷갈린다. 어쨌든 이제는 그런 기대감들을 조금씩 내려놓기도 해야겠다는 생각도 든다.

회사 인턴 생활을 내 인생의
전환점으로 만드는 법

회사생활을 10년 정도 하다 보면, 인턴을 가르치게 되는 일이 자주 생긴다. 나 또한 지금까지 6명 정도의 인턴을 교육했었다. 그중 우리 회사에 정규직으로 전환된 사람도 있고, 우리 회사 인턴 경력으로 타 회사에서 사회생활을 시작한 사람도 있다. 안타까운 것은 그들 중에 아직 자리 잡지 못하고 방황하는 이들도 분명 있다는 것이다. 사람마다 자기만의 시간이 있기에 언젠간 좋은 기회로 본인들의 길을 찾아갈 거라 생각하지만, 인턴 생활도 최소 6개월 이상의 시간을 투자하는 만큼 자신만의 길을 조금 더 빨리 찾는 기회로 만들기 위한 노력이 필요하다. 이 글을 통해 인턴 생활을 더 이상 시간 낭비가 아닌, 인생의 전환점으로 만들 수 있도록 해보자.

적극적으로 경험하고 시도하라

인턴이라는 제도를 통해 회사생활을 이른 나이에 경험해 볼 수 있다는 것은 굉장히 좋은 장점이다. 먼저 내가 회사생활, 즉 직장인의 체질을 보유하고 있는지 미리 체크해볼 수 있다. 나는 직장인에게도 직장인에 맞는 체질이 있다고 생각하는 편이다. 가장 기본적으로는 규칙적인 일상에 쉽게 적응할 수 있어야 하고, 주어진 상황을 얼마나 쉽게 해결할 수 있는지와 같은 문제 해결력이 필요하다. 어느 정도의 상하관계에 수긍할 수 있어야 하며, 잦은 실수가 없도록 꼼꼼하고 계획적인 성향이 유리하다. 그렇기 때문에 내가 회사생활에 맞는 사람인지 아닌지를 미리 파악해보는 것은 장기적인 관점에서 꼭 필요한 절차이다. 과거에 나와 인턴 생활을 같이 했던 동기는 결국 공인중개사를 따고 이른 나이에 자신의 부동산을 차린 경우도 보았다. 그 동기는 인턴 생활을 하는 중간 중간에 나에게 이런 말을 하기도 했다.

"아침에 일찍 일어나는 게 너무 힘들어"
"아, 나는 회사 체질이 아닌 것 같아! 선배들의 말을 그냥 잠자코 못 들어주겠어!"

"나는 회사만 오면 이 딱딱한 분위기가 적응이 안 돼… 숨도 못 쉬겠어!"

그는 결국 짧은 인턴 생활을 마지막까지 잘 마무리하였지만, 다른 동기들보다 훨씬 힘겨워했다. 결국 이른 체험으로 빠르게 본인의 길을 찾아서 나아갈 수 있었던 것이다.

인턴 생활을 처음 시작하면 우선 내가 아침 8시마다 일어나서 규칙적으로 출근할 수 있는지, 위에서 내려온 지시사항을 아무 불만 없이 해낼 수 있는지를 확인해보아야 한다. 앞서 얘기했듯 기본적인 직장인으로서의 성향이 있는지를 파악하는 것이다. 어느 정도 받아들일 수 있다면 다음은 내가 인턴으로 생활하고 있는 회사의 업계동향을 파악해본다. 내가 취업해서 계속 다닐 만한 미래 가치가 충분한 업계인지, 이 회사는 해당 업계에서 어느 정도의 위치에 있는지를 판단해보는 것이다.

내가 인턴 생활을 한 곳 중 하나는 사업의 적자가 누적되어 있었고 개선할 수 있는 여지도 거의 없었다. 중국의 저가 공세와 경쟁사와의 기술 격차로 인해 오도 가도 못하는 사업이었던 것이다. 잠깐의 인턴 생활만으로도 이런 침체된 상황과 조직의 분위기를 느낄 수 있었다. 결국 나는 그 회사에 최종 합격을 했음에도 입사하지 않았다.

마지막으로 나에게 주어진 세부 업무가 내 적성에 맞는지 고민해본다. 아무래도 인턴에게 주어지는 업무이기 때문에 그리 중대한 업무는 아닐 수 있지만, 최소한 관련 업무는 해볼 수 있으므로, 주어진 업무를 수행하고 담당 사수가 하는 일을 주의 깊게 관찰하며 해당 직무의 적합성을 고려해보도록 하자. 결국 내가 대학에서 배웠던 전공에 따른 업무가 부여될 확률이 크기 때문에 어느 회사를 가도 비슷한 직무를 맡게 될 가능성이 크기 때문이다.

● 인맥을 만들고 유지하라

아무래도 인턴 생활을 하게 되면, 회사에서는 대부분 본인보다 윗사람만 존재한다. 그나마 동기라도 있다면, 회사생활을 하는 동안 엄청난 의지가 될 것이다. 동기와 친하게 지내는 것도 물론 중요하지만, 내가 속한 팀의 윗사람들과 좋은 관계를 유지하는 것이 지금 당장은 아닐지 몰라도 분명 도움이 되는 일이다. 예를 들어 우리 회사에서 정규직으로 전환되지 않는 인턴을 뽑은 적이 있었다. 목적은 대학과 연계하여 졸업생들이 한 순간에 바로 사회생활에 던져지는 것이 아니라 중간 인턴 과정을 수료하여 자연스럽게 회사에 정착할 수 있는 제도적 장치를 마련하기 위함이었다.

어쨌든 새롭게 인턴을 뽑았고 계약 기간은 6개월뿐이었다. 이렇게 짧은 기간 동안 얼마나 많은 것을 배울 수 있겠냐마는 회사의 분위기 파악과 관계 형성엔 여유로운 시간이다. 이 인턴은 6개월의 계약기간이 끝나면 퇴직처리가 되는 계약직의 일종이었다. 그럼에도 불구하고 그 짧은 기간 동안 그 인턴은 최대한 많이 배우려고 노력하고, 선배들과의 관계도 잘 맺었다. 실제로 선배들은 정직원처럼 그를 대우하기 시작했다. 6개월의 계약기간이 순식간에 끝나고 남아 있는 선배들은 그가 떠나는 걸 아쉬워했다. 그런데 얼마 뒤 그는 팀장의 추천으로 정규직 면접을 볼 수 있는 기회가 생겼고, 회사에 있는 동안 자기 회사처럼 충실했기에 면접도 무난하게 잘 볼 수 있었다. 결국 그는 당당하게 정규직으로 입사하게 되었고 우리는 모두 축하해주었다,

이 뿐만 아니더라도 인턴 생활에서 다양한 인맥을 만들게 되면 다른 경쟁자들보다 취업시장에서 아주 유리한 위치에 놓이게 된다. 사수 또는 선배들의 추천으로 다른 회사로 취업한 경우도 보았다. 회사를 다니다 보면 협력사와 회의를 자주 하게 되는데 가끔씩 협력사 담당자들이 이렇게 물어 오는 경우를 심심치 않게 보아왔다.

"혹시 주변에 괜찮은 사람 없어요? 사람을 좀 뽑아야 하는데…"
"아, 우리 회사에 인턴을 했던 애가 있는데 아주 괜찮더라고요. 연락처 줄 테니까 연락해보세요!"

실제로 이렇게 면접의 기회를 얻어서 협력사 직원으로 채용되어서 놀란 적이 있는데, 사람 보는 눈은 거의 비슷하기 때문에 그들도 그 인턴이 괜찮다는 사실을 면접을 통해 깨달았을 것이다. 결국 기회를 만들어내는 데 있어 인맥을 쌓아 가는 것은 사회생활에서 아주 중요한 일이라고 본다. 심지어는 취업과 연계가 되지 않더라도 회사 선배들이 다니던 대학원의 교수님께 추천해서 대학원 생활을 시작한 인턴들도 있었다. 어차피 인턴 생활이 끝나면 안 볼 사이니까 회사 선배들을 있는 듯 없는 듯 대하지 말고, 인맥을 쌓는다는 관점에서 적극적으로 행동해보자. 회사생활을 오래 한 사람일수록 인턴이 입사하면 귀엽게만 보이기 때문에, 그저 인사 잘하고 아저씨 개그에 웃으며 호응만 해 줘도 그분들은 이미 당신 편이다.

성과를 기록하라

인턴 생활이라는 게 단기로는 6개월이고 장기로는 1년 이상 지속될 수도 있는데, 그 시간을 아깝지 않게 보내려면 내가 인턴 생활 동안 했던 일들을 모두 기록해 놓는 것이 좋다. 사소한 것이라도 괜찮다. 예를 들어 내가 직접 실험한 데이터, 메일로 주고받았던 질의응답, 사수가 일하면서 참고하는 인터넷 사이트나 서적 등이 될 것이다. 내가 작성한 보고서나 자료들은 무조건 백업 또는 인쇄해서 보관해 놓아야 할 것이고, 팀 행사나 세미나에 참여했던 일들도 사진과 함께 일기 등 비공식 기록물로 만들어 놓는 게 좋다.

이러한 인턴 생활 동안 확보해 놓았던 모든 기록물들은 해당 회사에서 정규직 전환이 되지 않더라도, 다른 회사에 취직할 때 이력서 항목에 인턴 생활을 하며 경험했던 내용들을 쉽게 추가할 수 있다. 또한 시간이 지나 회사생활이 지루할 때쯤 인턴 생활 기록을 열어 보면서 초심이 생기거나 다른 길로 전환하는 동기부여가 될 수 있다. 심지어 그때 겪었던 일들로 새로운 아이디어가 창출될 여지도 있다.

나도 사실 S그룹에서 인턴 생활을 6개월 했었고 정규직으로 전환되었음에도 입사를 포기했었다. 대학생 때 회사의 생태계를 파악하기가 힘들었지만, 인턴 활동을 통해서 그때 그 회사가 처한 상황, 관련 업계의 동향, 내가 더 잘할 수 있는 일 등에 대해 상당히 많이 고민했었고, 결국 다른 길을 택했다. 지금 와서도 후회는 하지 않는다. 그때의 처절한 고민이 내 삶의 방향을 바꿔 주었다. 나는 인턴 생활을 선택한 이유를 알기에 지금 회사에 입사한 인턴들을 다른 눈으로 바라보고 대할 수 있었다. 내가 위에서 언급한 조언들을 한 번쯤 고민해보고, 현명하게 인턴 생활을 보낸다면 결코 그 황금 같은 시기에 시간 낭비만은 하지 않을 것이라 생각한다.

직장에서 대학교 전공이
의미 없는 이유

    보통 대학생들이 하는 큰 착각 중 하나가 자기가 4년 동안 배운 전공으로만 취업해야만 하는 줄 안다는 것이다. 나도 취준생 시절에 꼭 내가 배운 전공만 살려서 관련 회사만 골라 지원했었다. 당연히 확률적으로 관련 전공자가 뽑힐 확률이 높지만, 비전공자도 충분히 취업시장에 도전할 만하다는 것을 그때는 몰랐다. 물론 석사 또는 박사 과정에 있는 분들은 얘기가 다르다. 난 학사로 졸업하였고, 더 깊게 공부하기보다는 현업에서 몸으로 부딪치며 성장하고 싶었다. 또한 경제적인 상황으로 석박사로 진학하기는 어려운 형편이었다. 어쨌든 난 학사로 전공을 살려 지금 다니는 회사에 입사할 수 있었다. 하지만 문제는 입사하고 나서 시작되었다. 모든 신입사원 교육을 마치고 군대에서 자대 배치를 받듯 부서 배치 면담이 있었다.

"세형 씨는 면접을 다른 분야로 보았는데, 회사 사정 상 그 팀에는 TO가 없어요. 그래서 설계팀으로 배치가 되어야 할 것 같네요."

신입사원이 그 순간 인사과 과장에게 싫다고 말할 수 있는 배짱을 가진 사람은 별로 없을 것이다. 나는 꺼림직했지만 어쩔 수 없다는 생각이었다.

"예… 알겠습니다."

인사과 과장은 내 시무룩한 표정을 보고는 이어서 말했다.

"일단 설계팀에 가서 일을 해보고 도저히 본인과 안 맞다 싶으면 얘기하세요. 그 때 조정을 좀 해보도록 하죠."

나는 당연히 내 전공으로 지원하여 합격하였기에 관련된 부서로 배치를 받을 줄 알았다. 왜냐하면 그 회사는 내 전공과 관련된 부서가 딱 하나 있었기 때문이다. 하지만 인사과 담당자는 그런 내 예상과는 다르게 설계팀으로 날 배치했다. 알고 보니 이유는 단순했다. 그 팀의 인력 충원이 더 시급했기 때문이었다.

그때부터 멘붕이었다. 나는 설계 프로그램도 전혀 다룰 줄 몰랐고, 내 인생에 설계자로서의 길은 전혀 생각도 못했다. 심지어 배치 받은 팀은 회사에서 악명 높은 팀이었다. 퇴사자가 한 달 걸러 한 달씩 나오고 있기에 인사과에서 급하게 신입을 뽑아 배치해 놓은 것이다. 이때부터 회사에 대한 배신감이 굉장히 컸다. 꾸역꾸역 1년 정도 버티며 일을 해냈다. 억지로 해 낸 것이기에 잘 할 리 없었다. 선임에게 자주 혼나고, 밤 11시가 넘어서도 퇴근하지 못하는 날도 허다했다. 심지어 어느 날은 내가 왜 이러고 있는 건지 자괴감이 들면서 혼자 덩그러니 놓인 밤에 사무실에서 운 적도 있다.

도저히 못해먹겠다 싶었다. 나는 1년만에 그 부서를 박차고 나왔다. 굉장히 많은 면담과 사건들이 있었지만, 결론적으로 내가 신입 때 지원한 전공 관련 팀으로 전배가 되었다. 회사 입장에서 비용을 들여 뽑은 신입사원이 1년만에 나간다고 하면 손해이기 때문에 어떻게든 붙잡으려는 회유책이었다. 나는 운이 좋은 케이스였고, 나와 똑같은 과정으로 다른 팀에 배치된 동기는 결국 퇴사하고 대학원으로 피신하였다. 어쨌든 나는 드디어 입사 2년만에 내가 원하던 전공을 살릴 수 있는 팀에서 일하게 되었다.

그런데 또 다른 문제가 생겼다. 그 팀에서도 내가 맡은 세부 직무는 전혀 내 전공과 관련이 없었기 때문이다. 왜 나에게만 이런 시련이 연속으로 오는 것일까. 단지 내가 대학에서 배운 전공을 써먹어보고 싶은 것뿐인데, 이것조차 마음대로 못하는 난 사회생활 속에서 그저 힘없는 부속품일 뿐이었다. 전공과는 무관하게 바쁘게 돌아가서 삐걱거리는 곳에 그저 나사 하나 박아 놓을 뿐이었던 것이다. 어차피 더 이상은 떼쓰는 것밖에 되지 않고 나는 현실을 체념하면서 다음 기회를 노려보기로 마음먹었다.

'그래, 어차피 퇴사까지 질러가며 겨우 원하는 팀으로 전배되었으니, 이 정도로 일단 만족하고 일을 하면서 기회가 있을 때 내 전공을 살릴 수 있는 직무로 옮겨 달라고 얘기해보자.'

그렇게 9년이 흘렀고, 난 전공을 살린 업무를 전혀 해본 적이 없다. 내 4년의 대학 전공 지식은 기억 저편으로 사라져 버렸다. 그 9년이란 세월 동안 나는 새롭게 맡은 직무와 관련된 자격증을 따게 되었고, 해당 업무와 관련된 사내 교육의 강사로도 활동하게 되었다.

도대체 9년이란 시간 동안 회사에서 무슨 일이 있었던 거냐고? 회사가 변한 건 없다. 내 마인드가 달라졌을 뿐이다. 첫 부서에선 내 전공 지식을 활용하지 못하는 것에만 아쉬워하고,

새롭게 맡게 된 업무를 배운다는 것에 수동적이었다. 내 전공이 아니니까 남들보다 업무가 뒤처지는 건 당연하다는 장벽이 내 성장을 가로막고 있었고, 난 그렇게 일 못하는 신입으로 남아 있어야 했다. 팀을 옮기고서는 전공 지식에 대한 미련을 버리기로 했다. 대학교 4년 동안 배운 전공 이론은 이론일 뿐이고, 현업에서의 실전은 어차피 모든 신입이 새롭게 배워야 하는 것이라는 생각의 전환을 하였다.

그래도 이론이 부족한 것은 맞으니, 그 지식을 채우기 위해 퇴근 후 관련 자격증 공부를 별도로 했다. 회사에선 일도 바쁜데 이론까지 떠먹여 줄 사람을 찾는 것은 거의 불가능하기 때문이다. 전 부서에서 일 못하는 신입의 이미지를 탈피해야 하는 문제도 떠안고 있었다. 현 부서에서 나를 받은 사수도 탐탁지 않아했다. 자꾸 자기 대학 전공만 따지고 드는 신입 같지도 않은 2년 차 애송이와 팀 사정 상 어쩔 수 없이 같이 일하게 된 것이기 때문이다. 이미 사수는 내가 전에 있던 부서 사람들에게 연락하여 나에 대한 파악을 끝내 놓은 상태였고, 전 부서 사람들은 나에 대해 좋게 얘기 할 리가 없었던 것이다. 사수뿐만 아니라 현 부서 팀원들이 전반적으로 갖고 있는 나에 대한 선입견과도 싸워야 했다.

신입의 마음가짐으로 열정적으로 일하며, 신뢰를 구축했다. 사수가 가르치는 일들을 한 번에 알아들을 수 있도록 수첩에 상세히 적었고, 시키는 일도 절대 까먹지 않고 바로바로 해냈다. 다른 팀원들에게도 신뢰를 얻기 위해 노력했다. 신뢰를 얻기 가장 쉬운 방법은 약속한 일정 내에 내가 맡은 업무를 완료하고, 그 내용을 도움이 필요한 사람들에게 공유하는 것이다. 회식자리도 빼놓지 않았고 2차든 3차든 다 따라다녔다. 물론 팀 행사도 내가 먼저 앞장서서 주도했었다. 왜냐하면 대부분 팀원은 이런 행사를 상당히 귀찮아해서 누가 대신해줬으면 하는 마음뿐이기 때문이다. 그렇게 3년 정도 치열하게 일하니, 사수와 팀원들을 나를 점차 인정하기 시작했다. 어느 날 사수가 다른 팀원들에게 이렇게 말했다.

"세형이는 시키는 건 참 잘 해."

한 팀원이 나와 사수를 번갈아보며 말했다.

"지금 시기에 시키는 것만 잘해도 대단한 거죠."

아무 말 없이 고개를 끄덕이는 사수를 보고 나는 나름 노력한 결과물을 얻었다는 생각이 들었다. 이때부턴 사수도 믿음이 생겼는지 본인이 가지고 있던 업무를 떼어내어 서로 동등한 관계로 책임을 나누기로 했다. 새로운 전공을 적극적으로 받아들이려는 마음가짐과 땅바닥에 떨어진 팀원의 신뢰를 회복하려는 노력이 결국 나의 성장을 이끌어내주었다. 지금 현 부서에서는 9년 차가 되었고 새로운 전공이 결국 나의 전문 영역이 되었다. 이제는 알았다. 내가 그렇게 신입사원 때 외쳤던 '대학 전공 지식'은 그저 4년 동안 공들인 돈과 시간에 대한 집착에 불과하다는 것을 말이다.

회사에서 우리 팀이 좋은 팀인지 아는 방법

회사마다 그 회사의 문화와 분위기가 있다. 하지만 작게는 한 회사에서 팀 마다도 서로의 조직문화가 다르다. 그래서 아무리 회사문화가 좋다고 소문이 나도 막상 입사하여 팀에 배치되면 반대의 경우가 발생하기도 한다. 그래서 그 유명한 '팀 바이 팀'이라는 용어가 탄생하게 되었다. 팀의 구성원에 따라 다르겠지만, 보통 팀장과 같은 지도자가 팀을 어떻게 이끌어 가느냐에 따라 팀 문화의 방향이 결정되고, 팀원들이 그 방향 속에서 어떻게 조화를 이루느냐에 따라서 팀 문화에 색깔이 더해진다. 그러다 보니 한 회사에서도 다양한 팀 문화가 공존한다.

나는 10년의 회사생활을 통해 두 번의 팀 배치를 겪었고,

하는 업무가 타 팀원들과 협업하는 일이 많은 만큼 다른 팀들의 문화를 옆에서 자세히 관찰해볼 수 있었다. 팀을 이루고 있는 구성원들의 모습이 다양하듯 팀 문화도 각양각색이었다. 그런 다채로운 팀 색깔 중에 어떻게 나와 맞는 팀 색깔을 찾아낼 수 있을까. 개인마다 각자 원하는 팀 문화가 있을 테지만, 좋은 팀이라 불리는 팀에는 공통적으로 추구하는 문화가 자리 잡고 있다. 이번에는 좋은 팀이 가지고 있는 특징들을 한 번 살펴보고자 한다.

희미한 팀장의 존재감

다양한 팀을 겪다 보면 팀장의 스타일을 크게 두 가지로 분류해볼 수 있다. 첫 번째는 팀장이 맨 앞에 서서 팀을 끌고 가는 스타일이고, 두 번째는 팀장이 맨 뒤에서 팀원들이 가는 길을 서포트해주는 스타일이다. 각 스타일마다 장단점이 있고, 사람마다 원하는 팀장의 성향이 다를 것이다. 하지만 팀원의 입장으로 보았을 때는 아마도 두 번째 스타일이 팀 문화를 좋게 하는 데 있어서 더 큰 점수를 받지 않을까 한다.

첫 번째는 모든 구성원의 마음이 하나로 모아졌을 때 빛을 발하고 더 큰 성과를 낼 수 있겠지만, 사실 다양한 생각을 가진 사람들을 하나로 모으는 것 자체가 거의 불가능하다고 본다. 그렇다면 팀장이 누군가는 억지로 끌고 가는 형국이 되는데,

장기적으로 팀 문화의 관점에서 봤을 때는 이탈자가 생기고 결국 부작용이 터져 나올 수 있다.

두 번째 스타일은 팀원들 개개인의 업무 스타일을 인정해 주며, 자유롭게 업무를 추진할 수 있도록 한다. 팀장은 중간에서 중재만 하고, 막히는 부분을 지원하는 역할을 주로 한다. 직접적으로 끌고 가는 것이 아니므로 일이 지지부진해져서 답답한 경향이 있을 수 있는데, 팀 문화에서 보면 구성원 각자가 상호 존중되고, 자유롭게 소통하는 이상적인 좋은 팀 색깔이 입혀져 있다. 팀장의 주장이 약하고, 존재감이 희미할수록 팀원들이 주도하는 팀 문화가 만들어지는 것이다.

나는 소위 말하는 스타 팀장과 그림자 팀장을 모두 겪어 보았다. 스타 팀장은 말 그대로 본인이 팀을 이끌고 관리능력을 과시하여 스스로를 돋보이게 하는 팀장이다. 이 팀장은 내가 끌고 가야 구성원들이 적극적으로 따라온다고 생각하고, 방향도 직접적으로 제시해준다. 실무를 하는 입장에서 이렇게 판을 깔아주면 업무에만 집중할 수 있다는 장점이 있다. 단지 문제는 열심히 만든 실적들을 순식간에 가로채서 본인만 돋보이도록 내세우는 경우가 종종 있다는 것이다. 물론 성과에 대해서 함께 공유한다고 하더라도 중요한 성과는 팀장 스스로를 내세우게 하기 마련이다. 게다가 회사에서 주목을 받고 성과를 내다 보면 본인의 업무 스타일이 확고해져 팀원들에게 본인이 생각하는 업무방식을 따르도록 고수하는 경향이 짙어진다. 바로 여기서 부작용이 발생할 수 있다.

이런 팀장의 지시를 적극적으로 따르거나 어쩔 수 없이 따라가는 것까지는 괜찮은데, 반대되는 업무방식을 선호하는 팀원은 골치 아파진다, 이 팀에 조화되기가 어려워지면 소외되기도 하고 심지어는 이탈이 발생하기도 한다. 이런 스타 팀장의 경우엔 보통 본인을 따라오지 못하는 팀원을 과감히 정리하기도 한다. 이와 반대로 난 그림자 팀장도 겪어 보았다. 각 구성원에게 업무적인 책임이 부여되고 각자가 유연하게 일할 수 있는 환경이 주어지는 편이다. 개인의 주장들이 서로 존중되고 갈등이 발생되는 경우에만 팀장이 나서서 공평한 방식으로 중재한다.

이런 상황에서는 구성원들이 회사에서 살아남기 위해 본인들 스스로 업무를 익히고 실적과 성과를 내야 하는 부담감은 있지만, 강압적이거나 강요하는 분위기가 없기 때문에 자연스레 서로의 선을 지키면서 부드러운 분위기가 형성된다. 왜냐하면 각자가 책임지고 일하기 때문에 어느 순간 옆 동료에게 부탁하거나 요청해야 할 일이 생길 수도 있기에 서로 척을 지지 않으려 하기 때문이다. 그림자 팀장은 본인의 역할이 튀지는 않지만, 조용히 문제가 되는 곳에 적재적소로 지원을 함으로써 개인의 성과가 곧 팀의 성과가 되도록 유도한다. 그렇게 되면 팀장의 관리능력을 아주 평화적으로 인정받을 수 있게 된다.

다수의 중간 실무자

직장인이 가장 이직하거나 팀을 옮기기 쉬운 때가 언제일까. 아마도 3~8년 차, 길게는 10년 차까지가 마지노선일 것이다. 이 시기가 업무역량이 쌓여 실무를 거리낌 없이 해나갈 때이다. 몸값도 이때가 가장 높을 때라 경력직 자리도 많고, 자신의 커리어와 연봉 향상을 위해서라도 이직 시장에 많이 뛰어든다. 하지만 적당한 연봉을 받으면서 팀 문화도 좋다고 한다면, 이 시기에 이직이나 전환 배치와 같이 기존 팀을 이탈하는 행위는 현격히 줄어든다. 나는 중간 실무자가 시도 때도 없이 이탈하는 팀에도 있었고, 중간 실무자가 아주 두터운 팀에도 있어 보았다.

중간 실무자가 이미 너무 부족하거나 있어도 조만간 이탈하는 것만을 바라고 있는 팀에서는 분위기가 이미 초상집과 같다. 중간 실무자가 이탈을 꿈꾸는 이유는 그 팀에 명확히 존재하지만, 남아 있는 사람들은 애써 감추려고 하거나 어디로 갈 수도 없는 패배감에 찌들어 있다. 당연히 조직 분위기는 경직되고 위, 아래의 소통이 잘 이뤄지지 않는 경우가 허다하다. 반대로 중간 실무자가 두터운 팀은 그들이 이탈하지 않는 이유가 뚜렷이 존재한다. 존경받는 팀장 및 선배들, 팀과 개별 업무의 성장성, 끈끈하고 유연한 분위기와 같은 것들이 중간 실무자들을 이탈하지 않도록 잡아 주고 있다. 이미 조직의 분위기가 핑장히 활발하기 때문에 위, 아래의 소통도 원활하고 중간에서 세대 사이의 갈등을 줄여주는 경우도 많아진다.

회사에서는 돈만 버는 게 아니라 사람도 버는 것이기 때문에 팀장과 팀원들을 보고 현재 있는 팀에 남는 경우도 상당히 많다. 그렇기에 결국 조직도를 보면 이 중간 실무자들이 가득한 팀이 좋은 팀이라고 볼 수 있다. 이 시대에 가장 이직이 잘되는 중간 실무자들이 그 팀에 꾸준히 남아 있고 오히려 역으로 타 조직에서 유입되고 있다면, 이미 기존 실무자들에 의해 좋은 팀이라는 게 검증된 것이라고 봐도 무방하다. 반대로 중간이 비어 있고 상위직급과 신입들만 즐비한 팀이라면 상당히 불안하다. 팀 문화에 있어서도 경직되어 있을 게 불 보듯 뻔하기 때문이다. 따라서 팀 분위기가 좋은 곳에서 일하고 싶은데 그 팀에 대해서 아는 사람이 없거나 정보가 부족하다고 한다면, 조직도라도 최대한 입수 받아 중간 실무자들이 얼마나 포진되어 있는지 살펴보도록 하자. 이럴 경우 팀을 옮긴다고 하더라도 팀 분위기 관점에서 실패 확률을 상당히 줄일 수 있을 것이다.

명확한 업무 영역

각 담당자들에게는 팀에서 할당되는 업무가 주어진다. 이 업무 분장이 아주 세분화되어 명확하게 나눠져 있을수록 그 팀은 업무로 인한 분쟁이 줄어든다. 갑작스레 떨어진 일회성 업무가 각 담당자에게 할당되지 않은 영역의 것이라면, 팀장이 임의로 누군가를 선정하게 되는데 이를 떠안은 담당자는 불만이 생기게 된다. 그리고 그 불만이 옆 팀원을 향하게 된다. '저 사람은 나보다 할당된 일도 없는 것 같은데, 왜 나한테 이 일이 넘어온 거지?'라는 원망 섞인 의문이 들게 되면서 불화의 불씨가 타오른다. 그렇기에 업무의 사소한 영역까지 세분화함과 동시에 일회성으로 떨어진 업무도 구성원들의 합의된 절차에 따라 분배되어야 한다.

순번제로 실무자들끼리 돌아가면서 하든, 제비뽑기를 하든 공평하게 정해져야 하겠다. 그래야만 불화의 불씨가 번지지 않고 서로의 영역을 존중하며 선을 넘지 않게 된다. 또한 서로의 화합을 이루어 관계가 좋은 팀이 유지된다. 명확한 업무 영역이 없다면 사소한 일이라고 막내에게만 잡일을 맡긴다거나, 윗사람에게 책임을 미루거나, 옆 동료에게 업무를 떠넘기게 되고 결국 관계는 틀어진다. 나쁜 관계 속에서 좋은 팀이 유지될 리는 없다. 그러니 명확한 업무 분장은 좋은 팀으로 나아가기 위한 가장 기본적인 절차이다.

피자 나누듯 업무를 모든 구성원이 공평하게 나눌 수는 없다. 물론 건수로 집계되는 업무를 하고 있다면 철저하고 공평하게 업무를 나눌 수 있지만, 그렇지 않은 경우가 허다하다. 구성원들이 맡고 있는 업무 영역의 난이도와 업무량이 상대적으로 차이가 발생될 수밖에 없으므로, 이를 중간에서 잘 조정해야 하는 것이 관리자의 역할이라고 봐야 하겠다. 객관적으로 보았을 때 평균적인 업무량과 업무 난이도를 갖고 있는 팀원들이 있다면, 앞서 얘기했듯 명확한 업무 분장을 확보하는 것이 중요하다.

그러나 문제는 어쩔 수 없이 맡은 일의 업무 난이도가 상대적으로 너무 높거나, 업무량이 과다하게 몰리는 인원에 대한 조치다. 관리자는 이런 상황이 발생하면 즉각 조치를 취해야 한다. 빠르게 업무 분배를 조정하거나, 추가적인 인원을 배치해야 하는데 조금만 버티라는 식으로 담당자에게 지속적으로 업무 부담을 안긴다면 결국 불만이 생기게 마련이다. 어쩔 수 없이 한 인원에게 과도한 업무가 일정기간 부여 될 수밖에 없는 상황이라면, 업무를 맡기기 전에 적절한 보상을 약속해야만 한다. 병 주고 약 주는 식으로 뒤늦게 뭔가를 챙겨 주려는 식의 대응은 불만만 더욱 키울 뿐이다. 결국 명확한 업무 분배와 더불어 적절한 보상이 동반되는 팀이라면 구성원들의 불화가 최소화될 수 있을 것이다.

내가 제시한 세 가지 기준으로 본인이 속한 팀이 좋은 팀인지 판단해보자. 팀장의 존재감, 중간 실무자들의 수, 명확한 업무 분장과 분배의 관점에서 당신은 좋은 팀에 속해 있는가? 아니면 본인만의 기준으로 좋은 팀을 찾아냈는가? 그것도 아니라면 본인이 좋은 팀을 만들기 위해 좋은 사람이 되었는가? 나는 위에서 제시한 세 가지 기준으로 좋은 팀에 속해 있다. 그리고 그 속에서 좋은 구성원이 되고자 노력하고 있다. 결국 좋은 팀은 좋은 사람들이 모여서 만들어진다. 회사에서의 좋은 사람이란, 주어진 업무에 책임을 다하고, 다른 팀원의 역할을 존중하여 좋은 관계를 유지하는 것이라고 생각한다. 이 좋은 관계가 서로 얽혀서 좋은 팀이 생기는 것이라고 봐야 하겠다.

회사에서 은근히 무시 받는 사람들의 4가지 유형

회사생활을 하다 보면 다양한 사람들의 유형을 만난다. 회사에서는 물론 존경스러운 인물들이 꽤 많다. 관련 얘기들은 다른 챕터에서 다룰 것이고, 이번엔 그 반대의 인물을 만나 보려고 한다. 사실 조금 조심스럽다. 왜냐하면 나도 누군가에겐 존중받지 못하는 인물에 껴 있을 수도 있기 때문이다. 심지어 나를 무시하고 있을 수도 있다. 나도 그런 사람들이 있으니까. 그렇다고 대놓고 표현하는 사람은 잘 없다. 속으로만 은근히 무시한다. 사회생활 만렙인 직장인들은 대놓고 하는 무시가 결국 나에게로 돌아온다는 사실을 안다. 대놓고는 무시하지 못해도 내 속에서만큼은 존경스럽지 못한, 세게 말하면 무시할 만한 사람의 유형들이 조금 정해져 있는 편이다. 회사생활이 나와 맞지 않다고 해서 그들의 인생 전체를 무시하는 것은 아니다. 앞으로 정리하는 유형은 극히 개인적인 기준이므로, 재미로만 웃고 넘기시길 바란다.

● 까마귀 고기 먹은 사람

윗사람이든, 아랫사람이든 자신의 업무에 대해서 할 일을 자주 잊어버리는 사람들이 있다. 이런 사람들은 이 말을 입에 달고 산다.

"○○씨, 지난번에 얘기한 회의실 예약 해놨지?"
"아, 맞다!"

"○○씨, 오늘까지 보내주기로 한 자료 몇 시쯤 받을 수 있을까?"
"아, 맞다!"

"○○씨, 내일 출장 준비 다 됐어? 설마 잊은 건 아니겠지?"
"아, 맞다!"

이 얼마나 간단명료하면서도, 자신이 실수로 깜박했다는

사실을 직설적으로 표현하는 말인가. 상대방의 입장에선 함께 하는 이 일이 중요하다고 생각하여 말하지만, 이 말을 듣는 순간 다리에서부터 힘이 쭉 빠진다. 한두 번의 실수라면 그나마 다행인데, 이 말을 습관처럼 하는 사람들을 나는 별로 좋아하지 않는다. 나뿐만 아니라 이러한 이미지가 사내에 지속적으로 쌓인다면, 구성원들에게 신뢰를 잃어 버려 중요한 일에서 제외될 가능성이 크다. 어쨌든 직장생활을 하면서 본인의 일이 있고, 그 일은 유기적으로 다른 사람과 연계되어 있다.

마감 막판에 잘 진행되고 있는지 물어보면, 깜박하고 있어서 지금 시작해야 한단다. 얼마나 프로답지 못한가. 아니, 심지어는 나를 무시하는 것처럼 비친다. 본인 입장에서 하찮은 일이라고 생각하여 막판에 몰아서 하면 된다고 생각할 수도 있겠으나 상대방의 입장에서 생각해보면 물리적으로 가능한 시간이 아님에도 시작도 안 하고 있었다는 사실에 뻔한 결과물이 나올 것이라는 것을 예상해볼 수 있다. 함께 잘해보자는 기대는 순식간의 절망으로 변하고 결국 그를 조금 멀리하게 된다. 함께 일하는 직장생활에서 중요하게 유기적으로 협력해야 한다면, 본인이 맡은 일은 스스로 챙겨야 할 필요가 있을 것이다. 자주 까먹는 습관이 있다면, 작은 수첩 또는 핸드폰 메모장 앱이라도 제발 활용하길 바란다.

시간 약속은 개나 줘 버린 사람

자주 까먹는 사람만큼 시간 약속을 안 지키고 매번 늦는 사람도 내가 생각하는 회사에서 무시 받는 유형에 속한다. 전혀 존경스럽지 못하다. 어쩌다 일이 몰리고 회의시간이 겹치면 조금 늦을 수도 있다고는 생각한다. 하지만 매번 늦는 사람이 있다. 분명히 일에 여유가 있어 보이는데도 어김없이 늦는다. 주기적으로 하는 회의인데도, 항상 얄밉게 5분, 10분씩 늦는다. 차라리 늦으려면 확 30분, 1시간 늦어서 팀장님에게 된통 욕이라도 먹으면 마음이 시원하겠다. 일에서도 마찬가지로 마감일까지 취합을 요청했는데, 꼭 하루, 이틀씩 늦어진다. 마음이 급해서 찾아가 물어보면, 다른 일 때문에 조금 늦어졌단다. 금방 해서 준단다. 그렇게 받은 자료는 오타 투성이에, 미리 공유한 양식과도 잘 안 맞는다. 한숨을 쉬며 직접 수정에 들어간다. 내가 급하니까.

어쨌든 이렇게 직장생활을 하며 시간에 대해서 중요하게 생각하지 않는 사람은 별로 존경스럽지 못하다. 내 시간이 중요한 만큼 상대방의 시간도 소중하다고 생각해야 하는데, 오히려 중요한 상황에서 반복적으로 시간 약속을 어기는 일은 상대방을 무시하는 처사다. 본인이 스스로 시간을 잘 못 지키는 유형이라면, 핸드폰 알람을 맞춰 놓거나 아침에 회사에 와서 일과에 대한 시간표라도 작성해보려는 노력이 필요하다. 본인이 시간 약속을 늦는 만큼 다른 사람들에게 피해가 간다는 사실도 꼭 인지해야만 한다.

이들 특징이 '코리안 타임'을 내세우며 5, 10분 늦거나 하루, 이틀 지연되어도 별 문제 아니라는 식으로 반응한다는 것이다. '뭐 이렇게 빡빡하게 일하는지, 늦어도 아무런 문제가 발생하지 않는다'는 식으로 여길 때마다 '코리안 타임은 개뿔…'이라는 생각이 절로 들지만, 내색하지 않고 재촉만 할 따름이다. 이런 분들은 시간약속은 사회생활의 기본이라는 인식을 항상 잊지 말아야 하겠다.

수다쟁이

회사생활을 하면 꼭 말이 많은 사람들이 있다. 그들을 나쁘게만 볼 수는 없는 게 말을 많이 함으로써 어색한 분위기를 풀어내기도 하기 때문이다. 회사에서는 이런 정적인 상황들이 많기 때문에 분위기 메이커의 역할을 하기도 한다. 회식 때는 좀 더 심해져서 입에 모터라도 달린 것 마냥, 생각난 말들을 입 밖으로 내뱉는 데 여념이 없다. 상대방의 말을 듣기는 하는 걸까. 나는 이런 장점이 있더라도 말 많은 수다쟁이는 별로 좋아하지 않는다. 특히 회사에서 말을 많이 할 때와, 그렇지 않아야 할 때를 구분하지 못하고 항상 자신의 말만 일장연설을 하는 사람은 내 기준에선 무시 받을 만하다고 생각한다.

회사 회의시간은 모두의 시간을 잡아 두는 것이니 참여자들이 딱 할 말만 하고 최대한 일찍 끝내려고 노력하는 게 정상인데, 이 사람은 눈치가 없는 건지, 듣는 사람이 많아서 좋은 건지 미리 정한 1시간의 회의시간 중 절반을 혼자서 얘기한다. 점점 회의가 늦어질수록 수첩을 몇 장 뜯어 동그랗게 구겨서 그의 입에 넣어 주고 싶은 심정이다. 이 뿐만 아니리 시도 때도 없이 사람들의 자리를 돌며 말을 거는데, 바빠 보이면 제발 용건만 간단히 말했으면 좋겠다. 이런 사람에게는 개인적인 신상이나, 일에 대한 고민을 잘 꺼내 놓지 않는다. 분명 다른 이에게 새롭게 들은 정보를 말로 풀어내느라 여념이 없을 테니 말이다.

사실 말이 많은 것은 상대적이기도 하고, 어떠한 기질적인 특징이 있는 듯 싶다. 나도 상황에 따라 말을 많이 하게 되는 경우가 있다. 이들의 문제는 시도 때도 없다는 것에 있다. 회사에서도 분명 말을 많이 하면 좋은 자리가 있다. 회식을 하거나, 가벼운 미팅을 할 때 또는 후배들이 진지하게 업무 조언을 구할 때 등이다. 말을 많이 하는 것이 사실 상사만 그런 게 아니라 후배들이 그럴 수도 있는데, 서로 쿵짝이 잘 맞으면 서로의 의견을 교환하면서 많은 것을 이해하고 습득하는 데 도움이 될 수 있을 것이다. 반대로 많은 유관부서가 참여한 공식 회의자리, 보고하는 자리 그리고 뭔가 업무 조정이 필요할 때는 말을 최대한 아끼는 것이 좋겠다.

아무런 친분도 없는 중요한 결정을 하는 심각한 회의자리에서는 필요한 말만 해서 빠르게 의사결정을 할 수 있도록 해야 한다. 보고하는 자리에서도 말이 많아봤자 말의 꼬리를 물면서 꼬이게 되는 경험을 하게 될 가능성이 크다. 상대방의 업무 조정을 요청할 때도 말이 길어지면 상대방이 조언으로 받아들이는 것이 아니라 듣기 싫은 잔소리로 여길 수 있다. 따라서 자신이 선천적으로 말이 많은 유형에 속한다면, 적어도 회사에서만이라도 말을 어느 정도 해야 하는지 상황을 미리 인지하고 참여할 수 있도록 해야 하겠다.

쓸데없이 꼼꼼한 사람

보통은 윗사람에게 해당되는데, 가끔 신입사원들에게도 이런 기조가 보인다. 신입사원들은 그래도 인정한다. 처음 쓰는 보고서인데 심혈을 기울여, 빈틈없이 작성하고 싶은 마음을 알겠다. 나도 신입 땐 그랬으니까. 근데 윗사람들은 아직도 왜 군대식의 '오와 열'을 외치고 있을까. 휴먼명조체가 아니어도, 제목은 14포인트가 아니어도, 중요한 문구가 빨간색이 아니어도 상대방이 이해하는데 전혀 문제 될 게 없다. 일을 효율적으로 빨리 끝내 놓고 다른 일을 해야 하는데, 보고서 문구의 어색함을 잡는 것도 아니고 띄어쓰기나 잡고 있으니 실무자의 입장에선 환장할 노릇이다. 사소한 실수가 보고서 전체의 신뢰성

을 해친다고 주장하며, 세 장짜리 보고서를 두 시간 넘게 보고
있다.

꼼꼼한 건 좋은데, 일반적으로 유관 부서에 공유해도 되는
정도의 보고서라면 굳이 이렇게까지 신경 쓸 필요가 있나 싶기
도 하다. 중요한 임원 보고라고 한다면, 그래도 인정하겠다. 사
소한 공유 차원의 보고서라면, 쓸데없는 꼼꼼함은 조금 내려놓
아도 되지 않을까. 우리가 하루 종일 일만 할 수 있는 것도 아
니고 워라밸을 위해 효율적으로 일을 해야 하는데, 중요하게
챙겨야 하는 보고서인지 상황을 인식하는 데 있어서 그 꼼꼼함
을 내세웠으면 좋겠다.

더욱 얄미운 것은 회의할 때 사소한 말실수나 회의자료 상
의 오타를 하나 하나 지적하는 태도다. 물론 정확한 표현으로
정정하는 것이 좋겠지만, 굳이 회의 흐름을 깨면서까지 큰 틀
에서 의사결정하는 데 전혀 문제가 없는 실수를 눈과 귀를 활
짝 열고 찾아내 공표한다. 이렇게 찾아낸 것에 대해서 본인이
능력 있음을 표현하고 스스로 뿌듯해 한다. 반대로 이를 당하
는 입장에선 '저 사람이 나한테 악감정이 있나?', '왜 별 일도 아
닌 걸로 시비걸지?'라는 생각에 기분이 나빠진다.

이러한 감정이 쌓이다 보면 아무리 꼼꼼하게 지적하더라도
나중엔 아예 무시해 버리기도 한다. 결국 본인이 만든 상황인
데 '내가 이렇게 꼼꼼하게 봐주는데 저 사람이 왜 저러지?'라며
억울한 마음이 든다면, 본인의 꼼꼼함을 내세운 게 어떤 상황

인지를 파악하는 것이 중요하겠다. 안타까운 건 꼼꼼한 성격은 업무를 처리할 때 분명 긍정적인 요인임에도, 이를 어떤 상황에서 어떻게 활용하는지에 따라 쓸데없어지고 오히려 상대방 기분만 나빠지게 만들 수 있다는 것에 있다. 상대방이 내가 호의로 말하는 지적사항 또는 수정사항을 지속적으로 무시하는 태도를 보인다면, 한 번쯤은 전반적인 상황과 흐름을 돌이켜볼 필요가 있겠다.

지금까지 내 기준으로 판단한 회사에서 무시 받는 4가지 유형의 사람을 만나 보았다. 대부분 이런 사람들은 상대방의 업무 상황이나 처지를 고려하지 않는다. 간단히 말하면 상대방을 무시하는 태도로 일관한다. 자업자득이다. 상대방이 날 무시하는 태도로 대한다면, 나도 그렇게 해줄 뿐이다. 상대방을 존중하지 못하는 사람에게 줄 존중은 없다. 유기적으로 사람들과 일하는 회사생활에서는 자신의 일관된 태도만 고집할 게 아니라, 상대방을 배려하고 존중할 수 있도록 하자. 나 또한 누군가에게 나만의 고집을 내세운 건 아닌지, 그로 인해 내가 무시 받고 있는 상태인지, 항상 내 회사생활에서의 태도를 객관적으로 바라보아야겠다는 생각이 든다.

망해가는 회사의 4가지 특징

우리는 회사를 보는 눈을 키울 필요가 있다. 순간의 선택에 따라 생각보다 삶이 많이 달라진다. 이름도 모르는 스타트업에 들어갔다가 IPO를 하고 스톡옵션을 받아 대박이 난 사례가 있는 반면에, 꽤 유명한 기업임에도 성과급 한 푼 나오지 않는 회사들도 더러 있다. 회사가 면접을 통해 직원을 선별하듯이 우리도 우리 나름의 기준으로 회사를 선별할 필요가 있다. 그래야만 입사하고 나서도 후회하지 않을 수 있고, 어쩔 수 없이 입사를 하였더라도 빠르게 다음 길을 준비할 수 있다. 과거에는 이런 회사들의 정보를 파악하는 것이 어려웠다. 워낙 회사가 갑이고 직원이 을이라는 인식 때문에 직접 회사에 어떠한 정보를 물어보기도 힘들었다.

하지만 지금은 워낙 오픈 소스로 회사에 대한 성장성, 가치, 분위기, 복지, 연봉 등을 쉽게 알 수 있는 직장인 커뮤니티가 온라인상에서 활약을 하고 있다. 그러니 조금만 더 찾아보면 기본적인 회사 정보를 미리 알아 낼 수 있다. 또한 카카오톡 오픈채팅방을 통해 관심 기업의 현직자와도 대화할 수 있는 루트도 있기 때문에, 마음만 먹으면 구체적이고 실질적인 사내 정보까지도 파악할 수가 있게 된 것이다.

나는 지금 다니는 회사가 한창 잘 나갈 때 입사를 했다. 회사의 매출과 영업이익이 정점을 찍고 성과급이 꽤 많이 나온다고 소문이 나자, 신입으로 입사를 하고 싶어 하는 지원자가 많았으며 실제 그 해 입사 경쟁률은 꽤 높았었다. 하지만 내가 입사하는 순간부터 회사는 꾸준히 내리막길을 걷고 있다. 오죽했으면 요즘엔 농담 삼아 후배들에게 이렇게 말한다.

"아, 주식만 고점에 물린 게 아니라, 회사도 고점에 물렸네…"

후배들은 이 얘기를 듣고는 크게 공감을 하는 듯 재미있어 한다. 사실 이렇게 농담 삼아 말해도 씁쓸한 기분은 피할 수 없다. 하지만 워낙 튼튼한 기업이라 한순간에 무너질 것 같지는 않은데, 몇 년 사이 회사가 엄청 위축되어 있는 느낌은 강하게 들었다. 뭔가 특별한 결단이 없으면, 상승 사이클로 전환하기가 힘들어 보였다. 이렇게 내가 입사하고 나서 무너지고 있는 회사를 보니 내 앞길이 걱정이 되었다. 직원들은 회사를 통해 직접적으로 생계를 유지해야 하는 생존의 문제가 걸려 있으니. 이렇게 회사 분위기가 좋지 않으면, 직원들 사이에서도 자기만의 살길을 찾으려는 사람들이 점차 늘어난다.

나는 '망해 가는 회사를 보는 눈이 있었다면, 이런 걱정은 하지 않았을 텐데…'라고 생각하며 후회가 되었다. 지금이라도 선택을 해야 했다. 회사에 장기적인 비전을 가지고 남아 있을 것인지, 발 빠르게 준비하여 다른 회사로 이직하거나 나만의 길을 찾을 것인지 말이다. 어쨌든 선택을 하기 전에 정말로 회사가 망해가고 있는지 분명히 파악할 필요가 있기에, 다음과 같이 망해가는 회사의 4가지 특징에 우리 회사가 포함되는지 생각해보게 되었다.

● 줄어드는 연구개발 투자

회사가 연구개발에 투자하지 않는 것은 결국 망해간다는 첫 번째 지표이다. 우리도 열심히 공부해서 미래를 준비하고 성공적인 삶을 살기 위해 노력하듯이 회사도 마찬가지로 연구개발을 통해 미래 먹거리를 찾아 지속적으로 성장할 수 있는 가능성을 확보해야 한다. 또한 직원들에게 장기적인 비전을 제시해주기도 한다. 하지만 어쩔 수 없이 망해가는 회사라면 미래보다는 현재를 대응하는 것에 급급하기에 장기적으로 연구개발할 수 있는 여력이 많지 않다. 그래서 연구개발 투자 비중이 점차 감소하게 되는 것이다.

우리는 어떻게 회사가 연구개발 투자가 감소하고 있음을 알 수 있을까? 먼저, 지속적으로 뽑았던 연구개발 인력이 축소되는 경우가 있다. 매년 30명씩 뽑던 연구소 인력이 점차 20명, 10명씩만 뽑는 것이다. 연구소 신규인력 감소는 대표적으로 연구개발 투자를 줄이고 있음을 파악할 수 있는 요소이다. 또한 공시자료나, 재무제표를 통해 매출액 대비 연구개발 투자 비율을 확인해보는 것이 있다. 3년에서 5년 정도 이 비율을 확인해서 점차 하향곡선을 그리는지 체크해보면 된다. 연구개발 투자뿐만 아니라 신규 설비 투자 등도 회사가 미래를 준비하는 지표이므로, 신규 설비 투자가 줄어드는 것은 회사가 어려운 상황이라는 것을 말하기도 한다.

이렇게 지속적으로 연구개발 인력과 비용의 축소가 나타나면 눈치 빠른 기존 연구개발의 고급 인력들의 이탈이 가속화되면서 악순환이 반복된다. 실제로 이런 고급 인력들은 회사의 장기적인 비전과 개인의 비전을 일치시키는 것이 회사를 선택하는 데 있어 중요한 요소 중 하나로 생각한다. 그러기에 회사가 시대에 발맞추지 못하고 뒤쳐지면서 연봉과 성과금마저 줄어드는 상황이라면 이들은 회사를 계속 다닐 이유가 없어진다.

따라서 이런 능력 있는 고급 연구개발의 인력들은 손쉽게 다른 회사로 이직을 하면서 썰물처럼 순식간에 빠져나간다. 회사는 뒤늦게 정신을 차리고 다양한 방식으로 이들을 붙잡으려 하지만, 이미 때는 늦어 버렸다. 게다가 이미 떠나 버린 고급 인력을 대체할 새로운 경력 인원들을 뽑기 시작하는데, 연구개발 경쟁력이 사라진 마당에 적절한 인력이 배치되는 것은 어려운 실정이다. 이렇게 망해 가는 회사는 연구개발 조직부터 흔들리기 시작한다.

단기적인 성과에 집착

회사는 장기적인 목표를 갖고 점차적으로 성장 가능성을 높여야 치열한 전쟁에서 살아남을 수 있다. 하지만 망해가는 기업은 단기적인 성과에 집착한다. 특히나 경영진들이나 임원들은 계약직이기 때문에 본인들이 근무하는 동안에 빠르게 성과를 내고 재계약하는 것이 목표다. 1년만 연장해도 들어오는 연봉이 어마어마하기 때문이다. 그렇기에 장기적은 비전은 보지 않고, 단기적인 실적만 챙기는 데 급급하다.

예를 들어 '1년 안에 원가 절감 20프로'라는 아주 단기적이면서도 도전적인 목표를 잡고, 직원들을 쪼아 대기 시작한다. 직원들은 억지로 목표를 맞추기 위해 노력하지만, 이렇게 급작스러운 목표는 결국 부작용을 낳는다. 원가 절감을 하려면 무언가를 빼야 하는데, 그것이 빠지는 것이 문제가 되는지 안 되는지 검증하는 시간이 충분하지 않다.

하지만 단기적으로 실적을 올려야 하므로 대충 검증하고 필드로 내보낸다. 그러다가 결국 배보다 배꼽이 더 큰 상황이 오게 된다. 원가 절감을 통한 이득보다 발생 비용이 더 커지게 되는 것이다. 이처럼 장기적인 성장 가능성은 제쳐 두고, 단기적인 실적과 성과에만 집착하면 회사의 성장은 정체될 수밖에 없는 상황이 오고 점차 그 부작용이 심각해지는 수준까지 오게 되는 것이다.

기본적으로 이런 단기적인 성과의 집착은 아주 위에서부터 내려온다. 회장이든 사장이든 목표를 도전적으로 설정하면, 그 아래 직원들은 인생을 갈아 가면서 해당 목표를 맞추기 위해 아등바등댄다. 회사의 수장들이 장기적인 비전을 제시하지 못하고 이런 단기적인 목표에만 집착하는 것은 회사의 가치를 빠르게 올려서, 분할매각, 인수합병 등 단발적인 무언가를 하고 싶거나, 아니면 단순히 계약기간을 1~2년이라도 연장하려는 명분을 마련하기 위함일지도 모르겠다. 이도 아니면 회사의 방향성을 제대로 파악하지 못하는 무능력의 표본일 수도 있다. 어쨌든 회사의 대부분의 구성원들이 단기적인 성과만 바라보고 분주히 움직이는 모양새라면, 결코 바람직하지 않은 모습인 것은 확실하다. 회사가 장기적인 비전을 제시하지 못할 때 단기적인 성과에만 집착하게 된다는 사실은 꼭 인지하길 바란다.

신규 입사자들의 퇴사

회사에서 가장 눈치를 많이 보는 사람들이 누굴까. 바로 신규 입사자들이다. 이들은 회사의 분위기를 살피고, 조직의 문화를 파악하기 위해 엄청난 노력으로 눈치를 살핀다. 본인의 행동양식을 조직과 맞춰 가기 위함이다. 신입으로 입사하였든, 경력으로 입사하였든 입사 초반에는 눈치 보느라 여념이 없다. 그중 뚜렷하게 파악하는 것 중 하나가 회사가 앞으로 내가 다니는 동안 망하지 않고 꾸준히 내 월급과 성과급을 지급해줄 수 있는가 하는 것이다.

그 관점에서 어려워 보인다고 하면, 이들은 어차피 회사에 애정이 없기 때문에 발 빠르게 다른 길을 찾아간다. 바로 신규 입사자들의 퇴사율이 급격히 올라가는 것이다. 신규 입사자들이 성과를 내기 전에 입사 전형과 교육으로 이미 회사는 비용이 나간 상태다. 이를 장기적으로 회수하며 나아가 회사에 돈을 크게 벌어 줘야 하는데, 신규 입사자가 대거 나가 버리는 순간 회사는 엄청난 손해를 입는 것이다.

그렇기에 인사과에서도 신규 입사자들의 퇴사율은 엄청 신경 쓴다. 그럼에도 불구하고 이 눈치 빠른 신규 입사자들은 회사에 망해가는 분위기가 감지가 되는 순간, 다른 회사로 이직 자리를 알아보거나 자기만의 살길을 찾는다. 그렇게 주변에서 '입사한 지 3개월 된 신입이 나간다더라, 들어온 지 한 달 된 경력이 다른 회사로 또 이직한다더라'라는 소리들이 들려온다. 이런 흉흉한 소식들이 지속적으로 들려오면, 나도 모르는 회사가 망해가는 징조가 있다고 생각해야 할 것이다.

남아 있는 구성원들에게도 신규 입사자의 퇴사는 상당한 동요로 다가온다. 사실 인원을 새로 뽑는 이유는 기존에 퇴사자가 있거나 업무가 과중한 경우일 텐데, 신규 인원이 오자마자 곧바로 나가 버리면 남아 있는 사람도 인수인계 또는 교육을 하면서 본인 시간만 빼앗기게 되어 버린 것이기 때문이다. 신규 입사자들은 다른 회사와 비교하는 눈이 탁월하다. 입사 전까지 취업 준비생이었기 때문에 각 회사들의 정보를 탐색하는 데 많은 시간을 보냈을 테니 말이다.

이런 사람들이 뒤도 안 돌아보고 다시 회사를 탈출한다는 것은 이미 회사가 직원들을 붙잡을 경쟁력을 잃어버린 상태일 확률이 크다. 그래서 기존 직원들은 신규 인원을 채용할 때부터 이 사람이 금방 나가지 않을 사람인가를 가장 최우선으로 고려한다. 그러다 보니 입사 지원 서류에서부터 너무나 과분한 스펙은 일단 거르고, 면접을 볼 때도 회사에 오래 남아 있을 사람인가에 초점을 맞춘다. 입사를 하고 나서도 눈치를 보며 일을 시키게 되고, 관리자가 아님에도 나가지 않도록 신경 써서 관리하는 게 기존 직원의 업무가 되어 버린다. 신규 인력에 대해 이렇게까지 신경 쓰는데도 금방 퇴사해 버리면, 남아 있는 직원도 결국 과중한 업무를 포기하고 이직 준비를 하게 되는 결과를 낳는다.

˚악순환의 고리

회사가 망해 가는 최악의 순간이 있다. 나는 이를 '회사가 망하는 악순환의 고리'라고 말한다. 예를 들면 이렇다. 일이 많아서 신규 인력을 뽑았는데, 얼마 되지 않아 퇴사하고, 그 업무를 기존 직원들이 떠안고 버티다가 도저히 안 돼서 기존 직원들도 자발적으로 퇴사하는 경우다. 신규 인력뿐만 아니라 기존 핵심 인력들이 대거 이탈하는 경우엔 업무에 공백이 상당히 커지고 이를 메꾸기 위해선 더 많은 인력이 필요하다. 하지만 새롭게 들어오는 사람도 버티지 못해 금방 나가버리고 구멍 난업무는 그대로 축소되어 버리거나 남아 있는 다른 사람에게 암처럼 전이된다. 기존에 하던 업무가 축소되어 버리고 제 기능을 발휘하지 못하는 순간 곳곳에서 문제가 터져버린다. 납품일정을 맞추지 못한다거나, 대형 품질 이슈가 생긴다거나, 회계처리에 실수가 생긴다거나 하는 식이다.

물론 이를 수습할 인력도 마땅치 않고, 수습한다 하더라도 시간이 굉장히 오래걸려 골든타임을 놓치게 되는 것이다. 그럼 회사에 손실이 직격탄으로 날아오며, 회사의 가치는 점차적으로 바닥을 향해가기 시작한다. 바로 이게 망해가는 회사의 악순환의 고리이다. 이 고리가 생겨버리면 끊어내기가 쉽지 않다. 회사는 엄청난 위기감을 가지고 특단의 조치를 내려야 하지만, 회장 주변엔 입에 발린 말만 하는 임원들과 경영진들이 회장의 눈을 가리고 있어 곁에서 보면 아무 문제없이 잘 굴러가는 듯 보인다. 그렇게 하루 하루 회사는 돌이킬 수 없는 지경까지 간 뒤에야 겨우 겨우 막고 있던 구멍은 물의 무게를 버티지 못하고 터져 나오게 된다. 곳곳에서 업무의 공백과 대응 부족으로 인해 순식간에 회사는 위기가 찾아오고, 윗사람들은 아래 직원들에게 책임을 전가하며 최대한 버텨본다. 회장이 나가라고 할 때까지.

지금까지 망해가는 회사의 4가지 특징을 살펴보았다. 이 외에도 매출액이나 영업이익의 지속적인 감소라든지, 인건비나 투자비 축소와 같은 지표들이 있겠다. 심지어는 '블라인드'라는 앱을 통해 해당 기업을 검색하여 직원들의 분위기를 살피는 방법도 있다. 자기만의 방식으로 내가 다니고 있는 회사가 장기적으로 건실한지를 틈틈이 따져볼 필요가 있다. 그래야 우리는 생계를 위협받지 않게 장기적인 계획을 갖고 앞으로 살 길을 모색할 수 있을 것이다.

망해가는 회사를 빨리 파악하고 남들보다 발 빠르게 움직임으로써 스스로 장기적인 성장을 이뤄나가길 바란다. 가끔 회사와 나를 동일시하여 끝까지 책임지고 간다는 직원들이 몇몇 보이는데, 회사는 회사이고 나는 나라고 분리해서 생각할 필요

가 있겠다. 회사는 어려워지면 가장 손쉽게 본인들의 자리부터
쳐낼 것이기 때문이다.

회사생활하면서 나만의 '롤 모델' 찾는 법

어느 날 가깝게 지내던 후배 한 명이 지나가는 말로 나에게 이런 말을 한 적이 있다. "과장님은 제 롤 모델이세요!" 아마도 듣기 좋으라고 하는 말이겠지만, 정말로 듣기 좋았다. 그에게 좀 더 모범적인 회사생활을 하기로 마음먹게 되는 그런 이상한 책임감이 들었다. 생각해보니 나도 겉으로 표현은 안 했지만, 은근히 회사 선배님 한 분을 롤 모델 삼아서 그의 회사생활에서의 말투나 행동, 업무 방식을 따라 하려고 노력한 적이 있다. 그 선배님은 바로 내 사수였다. 신입 때 그분을 따라 하려고 노력만 했는데도, 윗사람들은 회사에서 '적응 잘하는 신입'으로 평가해주었다. 누군가를 롤 모델 삼아 그의 길을 따라가는 것은 직장생활을 하는 데 있어 분명 도움이 된다.

롤 모델이란 무엇인가? 롤 모델role model은 자기가 해야 할 일이나 임무 따위에서 본받을 만하거나 모범이 되는 대상을 말한다. 그렇다면 직장생활을 하면서 롤 모델을 어떻게 찾아야 할까? 나만의 롤 모델을 찾은 얘기와 번외로 내가 누군가에게 롤 모델이 된 얘기를 하나씩 꺼내 보고자 한다.

롤 모델 찾기 1. 내 성향과 비슷한 선배를 관찰하기

보통 신입사원일 때 회사생활에 대해 아무것도 모르는 상황에서 어떻게 앞으로 직장생활을 해나갈지 혼란스럽고 막막한 생각이 들 때가 있다. 그럴 때 본인의 필요에 의해서 롤 모델을 찾는 경우가 있는데, 난 먼저 내 성향에 맞는 회사 선배들을 눈여겨보았다. 팀이 어느 정도 규모가 있으면, 대화를 해봤을 때 나와 성격이나 살아온 방식들에서 공통점이 많이 발견되는 선배들이 몇 명 정도 있다. 이들 중에 회사에서 전문가로 인정받고 있거나, 팀 내에서 평판이 좋은 선배 한 명을 일정기간 쭉 관찰해본다. 나는 운이 좋게도 내 사수가 그런 사람이었다.

그리고 가깝게 일하면서 몇 달 동안 그분이 일하는 스타일이 마음에 들었다. 사수를 보면서 깨달았다. "아, 나는 일의 효율성을 중시하고, 불필요한 일은 스스럼없이 쳐내면서 직장에서는 뚜렷이 공과 사를 구분하고, 회사 외적으로 사람을 챙기는 그런 업무방식을 좋아했구나!"이 생각이 들자, 나는 그를 점차 롤 모델 삼아 더욱 관찰하기 시작했다. 물론 나 몰래 한 일이고 그는 본인이 나의 롤 모델인지 모르고 있었다.

요즘엔 MBTI로도 업무방식과 태도가 비슷한 선배를 찾을 수 있다. 대부분의 사람들은 MBTI의 유행으로 한 번씩은 테스트를 해봐서 본인이 어떤 유형인지 대략 파악하고 있다. 내가 관심 있게 지켜 본 선배가 아직 MBTI를 해보지 않았다면, 링크를 찾아서 해보도록 권해보자. 나 같은 경우엔 신기하게도 나와 비슷한 MBTI 유형인 선배들을 따르고 있었다. 서로 반대가 끌린다는 말은 연애에서나 가능한 말인 듯싶다.

나는 ISTJ의 성향을 갖고 있는데, 닮고 싶은 선배들의 MBTI 유형을 물어 보니 거의 ESTJ 또는 ISTJ였다. 반대로 내가 별로 좋아하지 않는 업무방식을 갖고 있는 선배들은 끝에 '~FP'의 성향이 공통적으로 나타났다. MBTI가 정말 과학인가 하는 의구심이 드는 순간이었다. 어쨌든 선배들을 관찰할 때 잘 와 닿지 않는다면, 이런 MBTI를 활용해서라도 내가 닮고 싶은 유형을 찾아보는 것도 좋겠다.

롤 모델 찾기 2. 술 마시며, 본심 듣기

지금은 코로나의 여파로 회사에서 술 마실 기회가 많이 사라졌지만, 내가 신입일 때 만해도 잦은 회식자리가 있었다. 그래서 자연스럽게 난 롤 모델로 관찰 중인 사수 옆자리에 앉아 그가 늘어놓는 과거의 회사생활 얘기들을 관심 있게 들었다. 어떤 일을 겪었을 때 어떻게 대처하였는지, 어떻게 성과를 만들어냈으며 어떤 방식으로 회사에 어필하였는지 등을 상세히 들을 수 있었다. 술자리의 반은 원래 선배들이 추억에 젖어 옛날 얘기를 스스럼없이 하는 자리이므로, 인터뷰 같이 형식적으로 질문하지 않아도 알아서 척척 내가 듣고 싶었던 얘기들을 꺼내 주었다. 물론 회식자리와 같이 술을 마시지 않아도, 커피를 자주 마시며 얘기를 들어도 된다.

하지만 내 생각엔 술이 어느 정도 올라와 그의 내밀하고도 속 깊은 얘기를 들었을 때가, 커피를 마시며 대화를 나누었을 때 보다 좀 더 그의 내면을 더 잘 관찰할 수 있었다. 그렇게 한창 술을 마시다 보면, 과거 얘기가 반이고 그 다음엔 본인이 생각하는 회사의 현재 상황과 앞으로 닥쳐올 미래 상황에 더불어 나를 향한 충고를 늘어놓기 시작한다. 술자리에서 이런 충고를 싫어하는 사람들도 분명 있겠지만, 나는 그 자리가 나에게 도움이 되는 자리라 생각하여 경청했었다. 지금은 회식이라는 것이 좋지 않은 인식으로 변하고 있어 안타깝다는 생각이 드는데, 난 아직도 회식을 잘 활용하면 분명 좋은 기회를 얻을 수 있는 자리라고 확신한다. 그렇게 술의 힘을 빌어 들은 나의 롤 모델의 본심은 내가 회사생활을 어떻게 이끌어 나갈지에 대한 좋은 나침반이 되어 주었다.

롤 모델 찾기 3. 롤 모델로 인정하기

몇 달 동안 그의 업무 성향을 관찰하고, 그의 내면에 있던 회사에 대한 본심을 들은 끝에 나는 내 사수를 결국 롤 모델로 인정하고 말았다. 롤 모델이라고 완벽할 순 없다. 분명 내가 생각하는 업무 상 단점도 함께 보일 수 있지만, 내가 롤 모델로서 인정하는 그의 장점들이 훨씬 나에게 크게 다가왔기에 나는 그를 롤 모델로 인정한 것이었다. 그에게 부각되어 나타나는 장점들을 나는 그대로 흡수하기로 마음먹었다. 그때부터 나는 그의 말투나 직장동료를 대하는 태도, 업무를 추진하는 스타일까지도 닮아 가려고 노력했다. 어느 정도 개인적인 성향이 유사하니 좀 더 쉽게 따라 할 수 있었던 것 같기도 했다. 그를 롤 모델 삼아 5년 동안 따라 해보니 나도 어느새 차츰 전문가로 회사에서 인정받기 시작했다. 사내 강사로도 활동하고, 회사의 주요 TFT가 꾸려지면 팀에서 내가 발탁되기도 했다.

사실 현재 나의 롤 모델이었던 그 사수는 우리 회사에 없다. 최근에 다른 길을 찾아 떠났기 때문이다. 살짝 아쉬웠지만, 난 그의 결정을 존중해주었고 가는 길을 축하해주었다. 이 상황이 오자 나는 새로운 롤 모델을 찾아야 했지만, 한동안 그러지는 못했다. 그러다가 최근에 팀을 옮기고 나서 새로운 팀장이 눈에 들어왔다. 그는 회사에서 능력을 인정받으며 선배들을 제치고 조기에 팀장이 된 사람이었다. ESTJ의 성향을 갖고 있단 것도 뒤늦게 알게 되었고, 말을 직설적으로 하는 단점이 있었지만, 일을 기획하는 능력과 상황을 빠르게 파악하고 일을 끌고 나가는 추진력은 본받을 만했다. 그리하여 난 새롭게 옮긴 팀의 팀장을 새로운 롤 모델로 삼기로 했다.

회사에서 롤 모델은 최소한 한 명쯤은 마음속으로라도 갖고 있는 게 좋다. 일단 무엇보다 회사에서 심리적으로도 안정됨을 느낄 수 있다. 일을 하다 벽에 부딪쳤을 때 직접적으로 물어볼 수도 있고, 아니면 그 선배라면 어떻게 했을까를 유추해보면서 일을 해결하면 외롭지 않게 해낼 수 있기 때문이다. 나도 언젠가는 롤 모델로서 후배에게 인정받고 도움을 줄 수 있었으면 하는 마음으로, 나의 롤 모델이었던 선배들의 업무방식을 답습하여 계속 이어나가고 있다.

번외 편. 롤 모델 되기

드디어 10년만에 나를 롤 모델로 여기는 후배가 나타났다. 너무 공공연하게 표현하기에 부담이 앞섰지만, 나는 그에게 왜 나를 롤 모델로 삼았느냐고 직접적으로 물어보지는 않았다. 아마도 내가 내 사수를 롤 모델로 삼을 때의 그런 숙고의 시간이 있었으리라 생각했다. 아니면 정말로 가볍게 듣기 좋으라고 '롤 모델'이라는 용어를 사용하였을 수도 있겠다. 어쨌든 기분 좋은 상태에서 나는 내 회사생활을 되돌아보았다. 그리고 그가 왜 나를 롤 모델로 삼았을까 추측해보았다.

첫째, 나는 후배들과 스스럼없이 지낸다. 함께 사적으로 자주 만나고, 같이 캠핑을 가거나 부부모임을 하며 회사 외에서도 후배들이랑 잘 논다.

둘째, 팀에서 인정받고 있다. 어느 정도 업무 역량이 궤도에 오른 시점에서 업무처리가 안정화되었고, 좋은 고과로 보상받았다.

셋째, 신뢰관계를 유지한다. 우선 팀 선후배 가리지 않고 그들이 하는 얘기를 잘 들어 주고 기억해준다. 업무에서도 일정이 정해진 일은 꼭 일정 내에 완료하여 깔끔하게 처리한다.

생각나는 것은 대충 이 정도인데, 후배 입장에선 이게 아닐 수도 있고 독자들 입장에선 막상 까 보니 별 거 없다고 생각하실 수도 있겠다. 하지만 후배의 한 마디가 내 10년의 회사생활을 돌아보는 기회가 되었고, 나의 현재 위치와 앞으로 나아가야 할 방향에서 내 롤 모델의 업무 스타일이 여전히 인정받고 있음을 깨닫게 해 주었다. 이젠 그의 업무 스타일을 업그레이드하여 나만의 확고한 업무 스타일을 찾아내는 숙제가 남았다.

3장

본격적으로 '강력한'
직딩으로 살아남는 법

왜 회사에서는 악마 같은 사람이
잘 나가는 걸까?

　회사에는 다양한 사람들이 존재한다. 아무리 인적성 검사와 2, 3차 면접을 해서 직원을 뽑는다고 하더라도 조직 내의 다양성은 훼손되지 않는다. 그러다 보니 나만의 기준으로 주변 직원들의 부류를 나누기도 하는데, 그 가운데 하나로 아주 친절하고 불만 없이 떠맡은 일을 해나가는 천사 같은 유형이 있다. 마음속으로는 이런 분들이 승승장구해서 조직을 이끌어 갔으면 하지만, 사실상 한계에 부딪쳐 그 자리에만 머물러 있다.

　왜 그럴까? 바로 주변의 악마 같은 사람들이 이들을 이용하고 본인들이 그 자리를 차지하기 때문이다. 천사가 호구가 되는 순간이다. 주변을 돌아보면 이렇게 내 기준에서 이해가 되지 않는 아주 나쁘고 악마 같은 직원들이 있는데, 이들이 회사에선 아주 잘 나간다.

신입으로 회사에 입사한 지 얼마 안 되었을 때였다. 나는 내 전공과 맞지 않는 팀 배치로 인해 불만을 품고 전환 배치를 요청하였다. 파트장, 팀장까지는 어느 정도 내 상황을 설득하여 통과되었다. 이제 이 팀을 이끄는 실장이자 임원이던 한 분만 통과하면, 인사과를 거쳐 내가 원하는 곳으로 전환 배치를 받을 수 있게 될 예정이었다. 그러고는 임원과의 면담이 진행되었다. 거기서 나온 임원의 말에 나는 뜨악할 수밖에 없었다.

"내가 너 다른 부서로 가면, 내 인맥을 총동원해서 자리 못잡게 할 거야! 차라리 퇴사한다고 인사과에 통보해!"
"너 다른 데 보내줘서 선례를 만들면, 참고 버티고 있는 다른 애들도 줄줄이 나간다고 할 거 아냐! 절대 못 보내준다."

어떻게 약 100여 명의 조직을 이끄는 실장이라는 사람이 이런 말을 이제 겨우 입사한 지 8개월 된 신입사원에게 할 수 있을까? 신입의 마음가짐으로는 버틸 수 없는 충격이었다. 나는 결국 인사과에 퇴사를 통보하였지만, 인사과를 이끌고 있는 임원이 면담하는 과정에서 내 사정을 딱하게 여겨 이 악마 같은 실장을 직접 설득하였다. 인사과에서는 내가 나가려고 하는 팀에 신입 TO를 주고, 나를 겨우 빼내서 원하는 팀으로 배치될 수 있게 해주었다. 다행이었지만 한동안 악마가 휘두른 발톱으로 인해 마음의 상처가 크게 남았었다.

전환 배치 후 새로운 팀에 적응하여 9년이 흘렀다. 그러는 동안 지나가면서 또는 엘리베이터에서 악마 같은 그 임원을 마주칠 때마다 예전 생각에 몸서리가 쳐졌다. 그런 그는 웃으면서 나에게 말을 걸었다.

"잘하고 있냐? 배신하고 갔으면 거기선 잘해야지."

주변에서 들리는 말로는 내가 다른 팀에 배치 받은 후 그 조직에서 불만을 품고 있었는데 막상 용기 내지 못했던 선배들이 줄줄이 그에게 전환 배치를 신청했다고 했다. 하지만 나 이후로 아무도 다른 팀에 가지 못하고 퇴사 처리가 되어 버렸다. 그 팀에서 나를 챙겨주었던 2년 차 선배들 4명 중 3명이 그렇게 회사에서 사라졌고, 내 동기였던 2명도 다른 회사로 이직했다. 이렇게 인원이 줄줄이 빠져나가고 있는데도 회사에서는 9년 만에 그를 사장까지 올려놓았다. 이젠 내가 쳐다볼 수도 없는 높이까지 올라가 버린 그 악마 같은 임원을 보며 문득 '왜 이런 악마 같은 사람들이 회사에서 잘 나갈까?'라는 의문이 들었다.

내가 겪은 이 분 말고도 악명 높은 분들이 회사에서 높은 자리를 차지하고 있기도 해서 그들의 공통점을 대략 추려 볼 수 있었다.

회장에겐 고양이, 직원에겐 호랑이

이런 악마 같은 분들의 기본적인 특성은 상하관계가 아주 뚜렷하다. 그러다 보니 직원들을 자신의 발밑에 두면서 이리저리 휘두른다. 직원 개개인의 사정은 그리 중요치 않다. 내 말을 얼마나 잘 듣고 행동하느냐에만 관심이 많다. 그렇기에 직원들에겐 원성이 자자하지만, 그는 알면서도 모른 체한다. 왜냐하면 자신도 회장에게는 한없이 작아지기 때문이다. 회장의 말이라면 군인이 명령에 복종하듯 따르고, 회사가 정한 방향대로 간다고 하면 발 벗고 그 길을 닦아 내느라 여념이 없다. 회장이 대강당에서 회사운영에 대한 발표를 하면, 가장 맨 앞자리에 앉아 아이돌 보듯 회장을 뚫어지게 쳐다보며, 연신 고개를 끄덕거린다. 물론 회장의 눈에는 아주 충성스러운 모습이기에 그의 승진은 탄탄대로이다.

하지만 본인만 그러면 상관없는데, 그런 충성과 복종을 본인의 아랫사람들에게도 그대로 요구하고 있어서 문제다. '너도 나처럼 회사에서 승승장구하고 싶으면, 내 말을 들어야 할 거야'라는 희망 고문과 함께 직원들의 멱살을 잡고 질질 끌고 가기 때문이다. 이런 모습이 회장에겐 조직관리를 잘하는 것으로 비치기 때문에 더욱 신임을 얻는다. 자신의 말을 따르고 똑같이 복종하는 직원들은 챙겨주면서 함께 가고, 불만을 품거나 밉보이는 행동을 하면 단칼에 잘라 버린다.

이렇게 남겨져 버린 조직의 분위기는 어떻게 될까? 시대가 변하면서 조직에 대한 충성과 복종은 사라진 지 오래이다. 새롭게 들어오는 신입사원 또는 다른 회사에서 온 경력사원들은 이런 분위기를 보고 적응하기 힘들어한다. 버티지 못한 중간층도 사라지면서 그들의 라인은 더욱 견고해진다. 이들과 같이 충성하는 사람들만 살아남은 조직은 군대와 같은 상명하복으로 조직관리가 펼쳐진다. 그러다 보니 목표가 정해지면 모든 구성원이 한 방향을 향해 몰입하는 게 가능해서 구성원이 적어도 더 많은 실적을 내기도 한다.

● 실적을 위해서라면 뭐든지…

악마 같은 직원이 잘나가는 이유는 그들이 '실적주의자'이기도 하기 때문이다. 회사와 조직이 미리 정해 놓은 숫자에 어떻게든 맞추기 위해 모든 것을 갈아 넣는다. 내가 겪은 임원 중 한 명은 가정이 있음에도 회사 근처에 원룸을 잡아 평일엔 회사에서 대부분의 시간을 보내고 원룸에선 잠만 자는 생활을 했다. 그리고 2주에 한 번씩 본인 가정이 있는 집으로 가서 가족과 시간을 보내고 오는 기러기 생활을 자처했었다.

항상 이들의 문제점은 본인만 그러면 상관없는데, 구성원들에게도 이런 몰입을 기대하고 있다는 것이다. 야근은 기본이고, 필요하면 주말 출근도 당연시 여긴다. 구성원들은 이런 팀장의 태도에 눈치를 보지 않을 수가 없기 때문에 자연히 회사에 바치는 시간은 늘어만 간다. 게다가 이들의 특성이 협력업체의 직원들을 철저하게 '을'로 보기 때문에 더 가혹하고 어려운 주문을 할 때가 많다. 학을 뗀 협력업체의 직원이 나에게 와서 하소연을 하며 말한다.

"어떻게 저런 분 밑에서 일해요? 안 힘드세요?"

이렇듯 본인의 인생, 아래 직원들의 삶, 협력업체의 피와 땀 등 본인이 컨트롤할 수 있는 것을 닥치는 대로 넣고 믹서로 돌려 버리면, 어느 순간에 아주 달콤하고 걸쭉한 주스처럼 실적이 뚝뚝 떨어진다. 그것을 한 톨도 남김없이 훑어내어 회장에게 그대로 갖다 바치면, 그만의 '실적 주스'가 완성되었다. 실적주의를 통해 그의 능력을 회사에서 인정받으면, 회사에 대한 충성심도 높고 일도 잘한다는 프레임이 씌워진다.

그 프레임 바깥에는 그의 실적에 희생당한 불쌍한 어리고 천사 같은 양들이 울고 있지만, 그는 못 들은 체한다. 오히려 '내가 이렇게 잘 끌고 와줬으니 내 성과가 높은 거고, 너네도 기여는 했으니 보상은 갈 거지만 장담은 못해'라는 탑-다운 방식의 성과 나누기를 주장하고 있을 뿐이다. 그러다 보니 회사에서 그는 승승장구하며 상도 받고, 회장의 눈에 더욱 잘 들면서 임원 승진으로의 탄탄대로가 펼쳐진다. 이런 모습을 지켜보는 직원들은 씁쓸한 기분이 든다.

최소 인원으로 최대 성과

이런 악마 같은 행태로 인해 아래 직원들의 원성이 차츰 높아지고, 도저히 버티지 못한 사람들이 줄줄이 이직과 퇴사를 하게 된다. 그는 아랑곳하지 않는다. 사람을 갈아 넣어 실적을 만들다 보면 어쩔 수 없는 상황인 것이라고 생각하는 모양이다. 일단 사람이 나가도 일이 잘 돌아가는지 지켜본다. 남아 있는 사람이 영혼까지 끌어 모아 퇴사한 사람의 몫까지 꾸역꾸역 처리하고 있으면, 옆으로 와서 "그놈이 책임감 없이 확 나가 버려서 힘들지? 좀만 참아. 내가 사람 뽑아 줄게!"라고 회유의 말을 내뱉는다.

그러고는 몇 달이 지나도 새로운 사람을 뽑아 주지 않는다. 그의 생각은 최소한의 인력운용으로 인건비를 줄여서 실적을 높이고 싶은 마음뿐이다. 그렇기에 직원들이 버틸 수 있을 한계까지 업무를 밀어 넣고, 부작용이 생기지 않는지만 틈틈이 확인한다. 그리고 나서 연말이 되면 최대 성과로 회사에서 상을 받고, 직원들에게 당당히 말한다.

"여러분 덕분입니다. 노고에 감사드립니다."

이렇게 남아 있는 소수의 인원으로 최대한의 실적을 뽑아 낸 자신을 자축하는 회식자리가 펼쳐진다. 직원들은 어쩔 수 없이 참석해서 그를 축하해주지만, 사실은 그 동안 갈아 넣은 본인의 시간이 아까울 뿐이다. 그의 가장 큰 문제는 이런 자리에서 직원들에게 고기와 술을 한 번 사 주면, 그 동안의 고생한 시간들이 충분히 위로가 될 것이라는 착각에 있다.

"오늘 이렇게 든든하게 먹고 즐겼으니, 내일부터 또 새로운 마음으로 시작해봅시다. 고생 많으셨고, 지난 일들을 오늘 이 자리에서 훌훌 털어 냅시다!"

다음 날이 되면 그는 여느 때와 다름없이 최소한의 인원을 갈아 넣어 최대한의 성과를 발휘하기 위한 전략을 구상하는 데 여념이 없다. 직원들의 아우성은 그저 엄살로만 여기고 인풋 없이 아웃풋을 최대한 뽑아내길 기대할 뿐이다.

회사에서 잘 나가는 악마 같은 직원의 특징을 정리하고 보니 대부분 관리자의 행태에만 치중해서 쓰게 되었다. 함께 일하는 직원들 사이에서도 분명 이런 '잠재적인 악마'가 숨어 있을 테다. 아직 본인이 가지고 있는 뿔을 드러낼 때가 아니지만 곧 관리자가 되면 화려하게 등장할 것이다. 그들은 '실적주의자'일 것이고, 동료의 삶과 사정보단 업무와 성과가 더욱 중요하며, 상하관계 또한 아주 뚜렷할 것이다. 이런 사람들이 주변에 있는가? 그리고 조직의 팀장과 임원과 회장에게 그런 태도를 인정받고, 사랑받고 있는가? 그가 바로 차기 임원이자 사장이 될 상이다. 반대로 생각해서 내가 회사생활을 하는 김에 임원이 되거나 승승장구하고 싶다고 한다면, 이 잘나가는 악마의 회사생활을 따라가면 되겠지만 아무나 할 수 있는 게 아니라 참 쉽지는 않을 것이다.

회사생활을 '게임하듯이' 재밌게 하는 법

나는 어렸을 때부터 리니지라는 게임을 좋아했다. 처음 접한 건 초등학교 5학년 때였다. 다른 친구들은 스타크래프트에 빠져 있었지만, 난 유독 리니지라는 게임에 매료되어 있었다. 아마도 나와 게임 캐릭터를 동일시하며 점차 남들보다 강해지는 것에 현실 상황에선 경험하지 못할 희열을 느꼈던 듯 했다. 중학교 3학년. 하교 후 PC방에서 여느 때와 다름없이 리니지를 즐기고 있었다. 몇 년 동안 하다 보니 내 캐릭터는 꽤 성장해 있었다. 남들보다 강한 내 캐릭터를 내 모습인양 무척 자랑스러워했다.

그러던 중 새로 생긴 PC방에서 게임을 즐겼다가 다음 날

해킹당해 발가벗겨진 내 캐릭터를 보고 나는 가슴 깊이 울었다. 그 시절 나에겐 그게 전부였고, 내 모든 노력이 물거품이 되어 버린 것 같았다. 경찰서에 찾아가 지능범죄수사팀에 의뢰도 했다. 지금 생각해보면 웬 꼬마 아이가 게임 아이템 잃어버렸다고 떼쓰는 것을 아무 말 없이 들어 준 경찰 직원분께 감사하다. 그러나 결국 난 아무것도 찾지 못했고 그 사건 이후로 리니지를 접었다.

그리고는 내 인생에 리니지라는 게임은 없을 줄 알았는데, 모바일 버전이 몇 년 전 출시되었다. 이미 직장인인 나로서는 시간투자를 많이 못했기에 현질(?)을 살짝 하면서 몇 달 동안 추억을 플레이했다. 하지만 문득 '내 회사생활이 생존을 건 게임인데, 난 무엇을 키우고 있는 건가?'라는 회의감이 들었다. 허상을 쫓고 있는 느낌이었고, 그날로 난 모바일 리니지도 그만두었다. 그러면서 내 회사생활을 게임과 같이 즐길 수 있는 구체적인 방법론을 생각해보기로 했다.

⚬ 레벨업하기

리니지는 RPG role-playing game 장르로 유저가 게임 속의 캐릭터를 나만의 방식으로 성장시키며, 다양한 캐릭터들과 세계관에 맞는 역할을 해나가는 온라인 게임이다. 여기서는 기본적으로 레벨업을 하면서, 수시로 캐릭터가 성장한다. 나는 어릴 적

내 캐릭터가 레벨이 낮아 입지 못했던 갑옷을 입으며, 더욱 강해지는 것에 큰 재미를 느끼고 있었다. 열심히 사냥을 해서 점차 레벨이 올라가면 할 수 있는 것들이 많아지고, 더 강한 몬스터와 싸울 수 있다. 더 강한 몬스터는 더 큰 경험치와 보상을 제공한다. 어느 정도 궤도에 오르면 점차 레벨업하기가 어려워지곤 하는데, 그래도 다른 캐릭터들이 나의 강한 모습을 우러러 보는 듯해서 의기양양해진다.

이를 회사생활과 접목해보면, 수시로 달성할 수 있는 나만의 목표를 세우고 이를 하나씩 성공시킨다. 그리고 그 작은 성공이 어느 정도 누적되었을 때 스스로 보상을 주는 것이다. 나만의 목표를 설정하는 것이 중요한데, 일주일 또는 이주일 정도 노력하면 달성할 수 있는 쉽지도, 어렵지도 않은 목표를 잡는다. 나 같은 경우는 '일주일에 보고서 2회 배포하기', '이주일마다 해외 직원에게 영어로 안부인사 보내기', '일주일에 업무 관련 논문 1건 요약하기' 등이 있겠다.

이렇게 작은 성과들이 누적되면, 스스로에게 보상을 준다. 회사동료들과 커피 타임 또는 회식을 한다든지, 나만의 작은 선물을 한다든지, 점심을 구내식당이 아닌 회사 밖에서 먹는다든지 그 보상은 자기가 만족할 수 있는 것이어야 하겠다. 이렇게 회사생활이 루틴화가 되면 캐릭터 키우듯이 나 스스로도 회사생활에서 레벨업하는 재미를 느끼고, 더욱 강해지고 싶다직장으로 치면 승진하고 싶다는 동기부여도 얻을 수 있을 것이다.

부캐 키우기

리니지를 몇 년 해오면서 나는 부캐를 키운 적이 있다. 부캐란 내가 주로 키우고 있는 캐릭터 외에 필요상 새롭게 만들어 키우고 있는 서브 캐릭터를 말한다. 주 캐릭터가 하지 못하는 섬에서의 노가다 활동이나, 아이템을 팔 경우 창고 또는 상인역할을 해준다. 또한 부캐의 익명성으로 주 캐릭터에서 복수하고 싶었던 놈에게 귓속말로 욕을 때려 박는다. 그러면서 희열을 좀 느꼈던 것 같다. 그렇다고 지금 악플러로 활동하는 것은 아니니 오해하지 말기 바란다. 어쨌든 난 시간 날 때마다 부캐를 어느 정도 키워서 주 캐릭터에게 도움을 주고, 주캐와는 다른 부캐만의 게임 속 캐릭터 특성도 즐길 수 있었다.

얼마 전까지만 해도 이런 '부캐'라는 개념이 실제 일상생활속에서 각광을 받았다. 아마도 〈놀면 뭐하니?〉라는 TV 프로그램에서 유재석이 음악을 배우며 실제로 공연까지도 하는 음악가로서의 활동을 '부캐'로 정의하면서 대중들에게 인식된 것같았다. 나는 회사생활에서도 이 부캐의 개념을 도입하기로 했다. 우선 회사생활이 주 캐릭터이니, 회사생활에 도움도 되고재미도 있을 법한 나만의 부캐를 찾는 것이 중요했다. 꼭 부업처럼 별도의 수익활동을 하는 것은 아니었다. 물론 덤으로 부캐가 캐시(?)도 벌어준다면 훨씬 좋긴 할 테지만, 부담 없이 일상의 활력과 회사생활에 도움이 되는 방향에만 치중했다. 그래서 회사생활을 하면서 꾸준히 해왔고, 꾸준히 할 수 있을 것 같은 것으로 부캐를 삼아 보았다.

- **헬스 운동가** : 직장생활을 하며 재미로 7년 동안 꾸준히 해왔고, 몸과 정신이 건강해짐을 느끼기에 회사생활에 활력을 줄 수 있음
- **독서 실천가** : 최근 독서 삼매경에 빠졌고, 책에서 얻은 깨달음을 삶에 녹이려 노력하고 있으며, 덤으로 회사에서 보고서 작성할 때 도움이 됨
- **육아 마스터** : 4살 아이를 키우고 있는 아빠로서 아이를 통해 진정한 행복도 찾았지만, 인내심도 기를 수 있음. 회사생활이 육아보다는 쉽다는 관념을 주입하니 실제로 스트레스가 감소함을 느낌

별 거 아니지만, 나처럼 꾸준히 해오고 있는 것에 부캐라는 개념을 살짝 도입한 것만으로도 충분히 회사생활에 재미와 활력을 줄 수 있다. 이것이 게임처럼 즐길 수 있는 회사생활의 비결 중 하나가 될 수 있으니, 독자분들도 본인 삶의 부캐를 꼭 만들어 보길 바란다.

혈맹 만들기

리니지를 포함한 RPG 게임에는 혈맹 또는 길드라는 캐릭터들의 모임이 존재한다. 시스템적으로 다른 유저와의 협력을

통해 함께 적을 무너뜨리는 데서 인간의 원초적인 본성을 건드린다. 마치 과거에 한 부족이 곰이나 호랑이를 맞닥뜨렸을 때, 다 같이 협력하여 이러한 맹수들에게서 살아남은 생존 본능과도 같은 이치일 것이다. 그래서 그런지 몰라도 같은 혈맹 간의 관계는 엄청 끈끈하다. 실제로 현생?에서 만나 친구가 되기도 하고, 심지어는 현실에서 결혼도 한다. 그리고는 게임에 접속하여 같은 혈맹원들과 피로연을 연다. 어떻게 실제로 얼굴도 보지 못한 게임 속 관계가 이렇게나 끈끈해질 수 있을까? 이를 회사생활에 접목시키는 방안을 생각해보았다.

첫째, 함께 공통의 목표로 많은 시간 협력한다. 게임에서 몬스터나 보스를 물리치듯이 회사에서도 한 가지 뚜렷한 목표를 갖고 다른 사람과 함께 시너지를 낼 수 있도록 한다. 이 부분은 이미 많은 직장인들이 자발적으로 또는 억지로라도 하고 있을 것이니 어렵지는 않겠다. 다만, 정말로 내가 잡고 싶은 보스 몬스터인지 곰곰이 고민해볼 필요가 있고, 그게 아니라면 목표를 변경하든 혈맹에서 탈퇴하든 선택을 해야 하겠다.

둘째, 내 역할을 인정받는다. 리니지에서는 다른 혈맹과 공성전을 할 때 각자의 위치가 있다. 기사는 앞에서 몸빵(?)을 하고, 요정과 법사는 뒤에서 지원사격을 한다. 회사에서도 대리면 대리가 할 일, 과장이면 과장이 할 일이 있다. 스스로도 회사에서 어떤 역할을 할 수 있는지 고민하고, 그 업무를 인정받으면서 구성원은 끈끈한 소속감을 느낀다.

셋째, 취미활동을 공유한다. 사실 리니지라는 게임에서 만난 것만으로도 유저들은 최고의 취미를 공유하는 친구를 사귄 것과 같다. 그래서 더욱 열린 마음으로 서로를 대할 수 있고, 그런 긍정적 심리상태가 서로를 더 끌어당긴다. 회사에서도 이런 전략이 필요하다. 직원들 사이의 갈등을 함께 취미생활을 공유하면서 푸는 것이다. 취미는 개인의 사생활이라고 볼 수 있기에 불편할 수도 있지만, 공통의 취미가 공유된다면 회사에서 이보다 더 친한 사람이 없다.

나도 실제로 회사 헬스장에서 함께 2년 동안 운동을 한 후배와 가족모임을 할 정도이다. 임원들이 골프를 놓지 못하는데도 분명 그런 이유가 있으리라. 회사에서 이렇게 나만의 취미 혈맹을 만들어 생활한다면, 끈끈한 인간관계와 더불어 생동감 있는 회사생활을 영위할 수 있을 것이다.

지금까지 회사생활을 '게임하듯이' 재밌게 하는 법을 알아보았다. "회사생활이 스트레스로 가득한데 어떻게 게임하듯이 합니까?"라고 반문할 수도 있다. 하지만 이렇게 재미없는 회사생활을 그나마 자기 최면이라도 걸어야 좀 더 활력 있게 유지할 수 있지 않을까? 실제로는 누군가에게 팀장이 최종 보스일 수도 있겠고 팀원이 적일 수도 있겠지만, 그렇게 보는 것만으로도 자신만의 새로운 게임 속으로 빠지는 것이라 할 수 있다.

나는 나만의 방식으로 회사생활을 즐기려고 노력하는 것이고, 게임이 아니더라도 다른 방식을 접목해볼 수 있겠다. 여러분도 나의 방식을 따라 해보거나 본인만의 전략을 만들어, 이 지루하고 고된 회사라는 게임에서 꼭 승리를 쟁취하기 바란다.

회사에서 '호르몬의 노예'로 일하지 않는 법

최근 재밌게 읽은 책이 하나 있다. 바로 《당신의 뇌는 최적화를 원한다》라는 베스트셀러다. 사실 별 생각 없이 요새 자주 깜박하는 버릇이 생겨서 '뇌를 최적화하면 괜찮을까?'라는 의문으로 읽어 보기 시작했다. 이 책을 읽고 나서 내가 왜 최근 들어 깜박하는지 그 해답을 찾았다. 바로 뇌 내 물질 중 하나인 '노르아드레날린'이 장기간 분비되어 스트레스 수치가 증가하였기에 뇌가 지쳐 있던 것이었다. 이외에도 내겐 굉장히 흥미로운 얘기들이 많이 있었다.

우린 회사를 다니면서 스스로 '노예'라는 말을 자처한다. 그만큼 생계를 위해 어쩔 수 없이 억지로 일하고 있는 사람들이 많다는 뜻이다. 그나마 대기업에 다니는 사람들은 '어차피 노예라면 그래도 대감집 노예가 낫다'라는 웃지 못 할 얘기를 하며 스스로 위로한다. 하지만 결국 똑같은 노예라는 사실에 씁쓸해한다. 회사에서도 노예로 일하는데 우린 호르몬에 의해서도 노예로 생활한다. 억울하지 않은가. 평생을 호르몬과 회사의 노예로 살아가고 있음이 말이다.

나는 앞서 얘기한 책을 통해 호르몬을 스스로 컨트롤함으로써 호르몬의 노예에서 벗어나 회사에서도 노예로 일하지 않는 방법을 알게 되었다. 사실 좀 놀라웠다. 나는 당연히 호르몬에 의해 우리의 생각과 행동 양식이 달라지는 것이라 알고 있었는데, 우리가 스스로 행동을 바꿈으로써 호르몬 스위치를 켰다 끌 수 있다는 것을 알았을 때는 내 고정관념이 깨지는 순간이었다. 자세한 이론과 방법은 책에 나와 있으니 궁금한 사람들은 읽기를 추천한다. 이번에는 일반적인 회사생활의 루틴에서 호르몬을 스스로 컨트롤할 수 있는 상황별 대응전략을 제시해보고자 한다.

회사에 왔는데 일이 너무 많아 의욕이 없을 때

우리는 항상 회사에서 일이 많다. 아침에 일어나면 회사에서 할 일들이 생각나 발걸음이 무겁다. 심할 때는 전날 밤부터 걱정되어 스트레스를 받으면서 잠이 든다. 아침에 회사로 도착

해서 업무를 시작하려는데 일이 너무 많아 무엇부터 어떻게 해 나가야 할지 도저히 의욕이 생기지 않는 상황이 있다. 자, 우리는 여기서 호르몬을 스스로 컨트롤해보도록 하자. 먼저, 아침에 오자마자 업무를 구체화하고 작게 세분화하여 할 일의 목록을 작성한 다음 중요한 순서부터 시작한다. '세로토닌'이 작용하여 그나마 스트레스를 줄이고 우울감을 없앨 수 있다. 오전엔 논리적으로 처리할 수 있는 일부터 순차적으로 시작한다. 하다 보니 일의 능률도 오르고, 심지어 재미를 느끼고 있는 내 모습이 어이없다.

하지만 이것은 '아세틸콜린'이 뿜어져 나와 작업 흥분을 유발하는 것이다. 오전 근무를 마치고 점심시간이 되면 계란과 콩이 들어간 음식을 먹은 다음, 산책 후 20여 분 정도 낮잠을 잔다. 이때 일이 많다며 점심을 대충 먹고 사무실에 와서 바로 일하면 오히려 오후의 업무능률이 떨어진다. 낮잠을 20여 분 자는 것만으로도 뇌의 효율이 30% 정도 올라간다고 한다. 아마도 점심 먹고 낮잠을 살짝 잤는데 엄청 개운하게 오후 업무를 시작한 경험들이 있을 것이다. 오전에 논리적인 일을 했다면, 오후에는 아이디어를 낼 수 있는 기획안이나, 연구계획서 같은 것들을 작성한다. 이 또한 '아세틸콜린'을 활성화하는 데 유리한 전략이다.

이렇게 하나씩 일을 처리해나가면서 스스로 보상을 준다. 잠깐 쉰다든가, 맛있는 간식을 먹는다든가, 동료와 잠깐 수다

를 떤다든가. 그 보상은 스스로 새롭게 의욕이 생기는 것이어
야 하겠다. 그럼 그 의욕이 동기부여를 유발해 즐기면서 일할
수 있는 사이클을 만들어 낸다. 여기선 '도파민'이 작용하여 의
욕과 열정으로 인한 행복감이 들게 된다.

°당장 내일까지 끝내야 하는 중요한 일이 떨어졌을 때

회사 일을 하다 보면 갑작스럽게 중요한 일이 중간에 끼어
드는 경우가 생긴다. 지금 있는 일만으로도 벅찬데 한숨만 나
올 뿐이다. 어쨌든 하긴 해야 하는데 시간이 별로 없다. 아마도
야근을 해야 할 것 같다. 이런 상황에서도 호르몬을 컨트롤할
수 있다. 일단 최대한 단기간에 끝내기 위한 계획을 세운다. 장
기화되면 능률이 떨어지고 스트레스가 증가한다. 각성효과로
단시간 내에 중요한 일을 끝내려고 노력해야 한다. 이 효과는
'노르아드레날린'의 분비로 인해 급박한 상황에서 집중력을 올
려 준다고 한다.

내일까지 끝내야 하니 야근을 해야 할 듯하다면 저녁으로
달고, 맵고, 기름진 음식을 먹는다. 가장 간단하게 '엔도르핀'의
분비를 늘릴 수 있는 방법이다. 집중력, 기억력 등에서 초인적
인 능력이 생기고 심지어 황홀감도 느낀다. 이를 통해 야근이
라고 하더라도 빠른 시간 내에 일을 끝내도록 한다. 시간이 늘
어날수록 스트레스에 취약해지고 불쾌감이 증가하기 때문에

중요한 일이라 하더라도 집중하여 단기간에 끝낼 수 있도록 습관화하는 것이 몸과 마음이 상하지 않는 전략이다.

도저히 아이디어가 떠오르지 않을 때

업무를 하다 보면 회사에서 아이디어를 제시하거나, 기획안을 작성해야 하는 경우가 생긴다. 아무리 머리를 쥐어짜도 도저히 새로운 게 내 머릿속에서 나올 리가 없다. 주변 동료들과 얘기해봐도 별 다른 아이디어가 없는 듯하다. 이제 마감일이 얼마 남지 않았는데, 아이디어가 떠오르지 않아 시작조차 못하고 있어 답답할 따름이다. 이때는 호르몬 조절을 통해 생활 패턴을 바꾸려는 노력이 필요하다. 다음과 같이 아이디어를 샘솟게 하는 개인적인 삶을 제시해볼 수 있겠다.

우선 담배를 끊으려고 노력하자. 담배는 영감에 깊이 관여하는 '아세틸콜린'의 분비를 방해한다. 그리고 퇴근 후 운동을 하면서 뇌를 활성화시킨 다음 버스를 타고 집으로 가며 새로운 아이디어를 구상해보고 핸드폰 메모장에 생각난 것들을 하나씩 적는다. 집에 와서는 욕조에 천천히 몸을 담그고 눈을 감아 아이디어를 생각해본다. 새롭거나 발전적인 아이디어가 떠오르면 미리 준비해 놓은 메모장에 기입한다. 그리고는 흥미로운 책을 하나 골라 침대에 누워 읽는다. 그러다 보니 아이디어가 막 샘솟는다. 지금까지의 퇴근 후 일상이 아세틸콜린을 최적화

하여 의욕적이고 창의적인 삶을 살아갈 수 있도록 하는 전략
이다.

업무 스트레스로 피로가 누적되고, 잠도 잘 못 잘 때

회사를 건강하게 오래 다니기 위해서는 스트레스 관리가
필수적이다. 직장생활을 하다 보면 스트레스로 인해 병이 생겨
약을 복용하는 건 부지기수고, 병원에 입원하여 휴직하는 경우
도 주변에서 종종 들려온다. 다음과 같이 스스로 호르몬을 조
절하여 장기적으로 건강하게 일할 수 있도록 하는 전략을 익혀
보자.

우선 앞서 말했듯이 휴식이 필요하다. 장기간 몰입은 '노르
아드레날린'과 '아드레날린'을 분비하여 스트레스가 쌓이게 하
므로, 프로젝트 중간 중간 연차를 사용하여 일과 분리되는 시
간이 필요하다. 여행을 가거나, 취미생활을 하면서 업무에 너
무 매몰되지 않도록 한다. 또한 업무를 하면서도 틈틈이 기분
을 전환하는 것이 중요한데, 회사 근처를 산책하거나, 심호흡
또는 목 돌리기 운동을 통해 치유물질인 '세로토닌' 분비를 돕
는다. 그러면 스트레스와 우울감이 감소한다.

가장 중요한 것은 최소 7~8시간의 수면시간을 확보하여 몸
이 재충전하고 피로를 해소할 수 있도록 해야 한다. 잠을 잘 때
도 최대한 어둡게 하고, 잠자기 직전에 스마트폰, 컴퓨터를 멀

리한다. 이를 통해 숙면 물질인 '멜라토닌'을 활성화해야 몸과 마음을 재충전할 수 있다. 아침에 일어날 때도 햇빛을 충분히 받고 아침을 꼭꼭 씹어 챙겨 먹도록 한다. 이 또한 세로토닌을 활성화시켜 스트레스를 줄일 수 있다. 마지막으로 회사에서도 해야 할 일을 명확히 하고, 동료와 감사를 주고받으며 '기꺼이' 일하는 마음가짐을 가지면, 엔도르핀이 활성화되어 행복하게 일할 수 있는 전략이 된다.

지금까지 회사생활 중 몇 가지 일반적인 상황에 따라 스스로 호르몬을 컨트롤하여, 좀 더 건강하고 발전적인 방향으로 업무를 이끌어 갈 수 있는 전략들을 소개하였다. 우리의 인생은 우리가 주체적으로 살아가야 한다. 더 이상 노예의 삶은 지양하고, 스스로 내 삶의 주인이 될 수 있도록 노력해야 하겠다. 호르몬을 스스로 컨트롤하여 건강한 생활습관으로 삶과 일의 잠재력을 끌어올리고, 뇌의 최적화를 통해 본인만의 생활 패턴을 찾아 몸과 마음이 건강한 삶을 살기 바란다. 이제 '호르몬의 노예'는 벗어나는 방법을 알게 되었으니, 점차적으로 '회사의 노예'도 벗어나 주체적이고 능동적으로 본인을 위한 일을 해 나가길 바란다.

회사에서 '진정한 친구'를 만들 수 있을까?

나에게는 친구들 모임이 몇 개 있다. 초등학교 친구 모임은 1년에 1~2번 정도 만난다. 그때 당시에는 나름 친하다고 생각 했는데, 각자의 영역에서 사회생활을 하다 보니 지금은 거리가 생겨 버렸다. 중학교 시절 다니던 학원 모임은 더하다. 그렇게 친했는데도 1년에 1번 정도 볼까 말까 한다. 그나마 고등학교 친구 모임은 4명이서 꾸준히 연락하고 3달에 1번 정도 만난다. 이 4명은 모두 직장인이고 사는 게 비슷하다. 그래서 아직도 친하게 지낼 수 있는 것 같다. 대학교 친구 모임은 나를 포함한 3명뿐이다.

심지어 1명은 부산에 있어 자주 모임을 갖지 못한다. 하지만 1년에 3~4번 정도 만나고, 거리가 먼데도 나에게 진정한 친구로 남아 있는 것은 이 대학교 친구들뿐이다. 한때 대학교 선배는 대학생 때는 친구 사귀기가 어렵다고 말한 적이 있는데, 나에겐 해당되지 않았다. 사는 거리가 멀고 자주 만나지 못해도 진정한 친구가 될 수 있다는 게 신기했다. 그렇다면 진정한 친구란 무엇인가? 각자가 생각하는 기준이 다르겠지만, 나에게 있어서는 만났을 때 아무런 부담이 없어야 한다. 그들의 이야기에 관심이 많고, 내 이야기를 스스럼없이 얘기해도 거리낄 게 없다. 그들과 나 사이엔 어떠한 포장이나 가식이 없다. 그냥 각자의 있는 모습을 그대로 보여주고 공유된 시간을 즐길 뿐이다.

나는 사회생활을 하면서 진정한 친구를 만드는 것은 상당히 어렵다는 말을 많이 들었다. 신입사원 때 살짝 기대를 갖고 동기들 모임에 자주 나가서 회사 선배들에게 "회사생활하면서도 진정한 친구를 사귈 수 있어요!"라고 당당하게 말하고 싶었다. 하지만 내가 만났던 동기들은 자기만의 영역이 단단했다. 내가 비집고 들어갈 틈이 잘 보이지 않았다. 겉으로는 친한 것 같아도 실상 예의를 차리고 있는 직장인일 뿐이었다. 나중에 회사에서 도움을 받을 사람들을 많이 만들어 놓는 느낌이 들었다.

나도 문득 '내 울타리도 이렇게 단단한가?'라는 생각이 들었다. 점차 직장생활의 연차가 쌓여 갈수록 자연스럽게 동기 모임은 없어져 버렸다. 그리고 나에게 남은 직장생활에서의 진정한 친구는 단 3명 남았다. 누군가는 '사회생활 더 해야겠다'

라고 말할 수 있겠고, 누군가는 '3명이나 있으니 사회생활 성공했네!'라고 말할 수도 있겠다. 어쨌든 나에게 소중한 친구가 되어 준 3명의 친구 얘기를 해보려 한다.

고등학교 동창이자 경력 입사자

이 친구는 사실 고등학교 모임의 친구 중 한 명이다. "그럼 그렇지…"라고 생각했을 수 있다. 앞서 얘기했듯이 3달에 한 번씩 만나는 친구이지만, 나에게 진정한 친구로 보기엔 어려웠다. 그러던 중 이 친구가 모임에서 물어본 적이 있다.

"너희 회사 어때? 이번에 경력 사원을 뽑는다는데 한번 지원해보려고 해서…"

말로는 한번 써 보라고 말했지만, 사실 이 친구가 우리 회사에 붙어서 같이 다닌다는 생각을 전혀 하지 못했다. 지금 생각해보면 그만큼 나는 그를 모르고 있었던 것이다. 몇 달 후 그는 우리 회사에 당당히 입사했다. 나와 같은 연차였다. 그때서야 그가 어떤 경력으로 우리 회사에 입사한 건지 알게 되었다. 모임을 자주 했어도, 실제 회사에서 하는 업무까지 상세히 알지는 못했던 것이다.

친구가 입사하자 우리는 고등학교 모임 외에도 회사에서

자주 만났다. 단 둘이 자주 만나니까 서로에 대해 더 자세히 알게 되었다. 그에게도 나와 같이 4살 딸아이가 있어서, 항상 육아 얘기로 시작하고 회사 욕으로 끝났다. 그렇게 자주 만나 커피를 마시며 얘기를 나누다 보니, 그가 내 울타리 안으로 들어왔다. 아마 나도 마찬가지로 그의 벽을 허물었으리라. 그렇게 우린 진정한 친구로 나아갔다. 단 둘이 자주 만나는 시간이 늘어나고, 서로의 상황에서 공통점이 많아지니 자연스럽게 그렇게 된 것 같다.

회사 후배이자 운동 메이트

이 친구는 나보다 3년 정도 늦게 들어온 회사 후배다. 나이도 나보다 3살 어리다. 그럼에도 우리는 진정한 친구가 되었다. 내 정신 연령이 어리다기보다는 그의 정신 연령이 높아 나와 잘 맞았다. 얘기를 나누다 보면 그가 삶을 착실하게 살아가는 모습에 많이 배우게 된다. 이렇게 글을 쓰는데도 그의 동기부여가 있었다. 처음에 그가 입사했을 때부터 친한 건 아니었다. '그냥 후배 하나 들어왔구나'라고 생각했다. 그러던 어느 날 나는 회사 헬스장에서 운동을 하기로 결정하였고, 그 후배도 같이 하자고 했다. 본인이 헬스를 좀 배우기도 했거니와, 같이 하면 서로 보조도 된다고 하였다.

그래서 심심하지 않겠다 싶어 함께 헬스를 다녔고 그렇게 2

년이란 시간 동안 함께 운동했다. 중간에 바디 프로필도 함께 찍었고, 운동하다가 힘들어서 같이 술 한 잔 하러 간 적도 꽤 있었다. 그렇게 우리는 진정한 친구가 되고 있었다. 그는 나에게 부족한 경제관념이나 생활의 지혜를 주었고, 나는 그에게 회사생활과 결혼생활에 대한 조언을 아끼지 않았다. 지금은 함께 헬스를 다니지 않지만 여전히 서로에게 진정한 친구로 남아 있다.

˚ 내 대학 동기의 남편

이건 또 무슨 소린가 싶겠지만, 내 대학교 여자 동기의 남편이 내 회사 동기이다. 즉, 내가 소개해줘서 결혼까지 한 커플이라는 것이다. 이 회사 동기는 신입사원 연수 때 나와 같은 조로 활동하면서 친해졌다. 각자의 팀으로 배치받고 나서도 우리는 틈틈이 만나 커피도 마시고 술도 한잔 했다. 그러다 자연스레 여자 얘기가 나오고, 내 대학교 여자 동기를 소개해주기로 해서 그렇게 둘은 만났다. 별 기대 없이 소개해줬지만, 나름 잘 만났고 내 아내와 함께 커플로도 잘 놀려 다녔다.

그 후 아니나 다를까 회사 동기는 나에게 청첩장을 내밀며, 네가 사회를 봐줬으면 좋겠다는 말을 했다. 나는 흔쾌히 수락했다. 그렇게 회사 동기는 자연스레 나의 소중한 친구가 되어 있었다. 지금도 우리는 커플로 함께 여행을 다니며 추억을 쌓고 있다. 그러다 부부싸움이 생기면 대학교 동기는 나에게 회사 동기를 흉보고, 회사 동기는 나에게 대학교 동기를 흉보지만 나는 최대한 중립을 지킨다. 곤혹스러울 수도 있다고 생각하겠지만, 난 그들이 서로 어떻게 생각하는지 알고, 이번에도 잠깐의 해프닝으로 끝날 걸 알기에 마치 야구 심판처럼 경기를 관중한다. 그게 또 재밌기도 하고, 나의 부부생활도 그들에게 털어놓을 수 있어서 많은 조언을 얻기도 한다.

지금까지 내 회사생활 동안 사귄 진정한 친구 3명을 만나보았다. 지금 생각해보면 우연이 겹쳐서 인연이 되었고, 그 인연의 끈을 놓지 않아서 진정한 친구로 발전해온 것이다. 회사생활의 진정한 친구는 신이 내려 주시는 선물인 걸까? 아마도 이러한 우연이 없었다면, 그저 스쳐 지나가는 다른 사람들과 똑같았을 것이다.

하지만 이 우연을 발전시켜 진정한 친구로 남기 위해선 갖춰야 할 자세가 있다. 먼저 관심 있게 잘 들어 줘야 한다. 그들의 영역에 내 발자국을 남기면 어느새 그 땅은 물렁해진다. 그리고 내 얘기를 스스럼없이 말한다. 내 울타리의 문을 활짝 열어 놓는 것이다. 그리고는 시간이 해결해준다. 함께 시간을 보내고 추억을 공유하게 되면, 자연스레 우리가 만나왔던 천진난만한 어린 시절의 진정한 친구가 바로 옆에 있을 것이다.

회사에서 신뢰를 구축하는
세 가지 방법

　나는 신입사원 때 이런저런 이유로 1년만에 다른 팀으로의 전환 배치를 요청하였다. 도중에 사건사고가 많았지만 결국 난 지금의 팀으로 배치되었다. 그곳에선 이미 전 팀에서 내 얘기를 전달받은 사람들의 눈초리가 차가웠다. 전 팀에서는 1년 만에 신입이 다른 팀으로 가겠다는데 좋게 볼 리가 없었기 때문이다. 그래서 선입견 가득한 얼굴로 나를 대하면 오히려 다행이고, 아예 인사조차 받지 않는 선배도 있었다. 한동안 점심도 혼자 먹어야 했다. 오죽하면 전 팀 동기를 불러서 같이 먹었을까. 어쨌든 내가 원해서 온 팀이기에 나름 최선을 다해 이미지를 새롭게 구축하기로 했다.

그러면서 사람에게 첫인상이 얼마나 중요한지 알게 되었고, 깨져 버린 신뢰를 복구하는 것이 얼마나 어려운지 알게 되었다. 나도 욕심을 버리고 하루아침에 팀원들의 인식이 달라지기를 원하지는 않았다. 오히려 갑자기 사람이 변하는 게 보이면, 가식이라는 딱지가 추가로 붙게 되기 때문이다. 아주 천천히 그들 속으로 자연스럽게 들어가서 신뢰를 구축해야만 했다. 이번 글에서는 10년에 걸쳐 지금까지도 쌓고 있는 신뢰를 위한 나의 처절한 노력들을 담아 보았다.

동일한 행동 패턴

최대한 똑같은 행동 패턴을 보여 주는 것은 사람들에게 쉽게 신뢰를 얻을 수 있는 방법 중 하나이다. 매일 아침에 똑같은 시간에 출근하고, 퇴근시간도 조정이 가능하다면 최대한 비슷하게 맞춘다. 보고서의 양식도 하나로 일치시키고, 회의를 할 때 항상 같은 자리에서 경청하며, 내 의견을 내세울 때도 '동조 후 의견 개진'의 전략을 일관되게 사용하도록 한다. 예를 들어 "방금 말씀하신 선배님의 의견 중에 그 업체를 더 조사해보는 게 좋겠다는 것에 동의합니다. 그러면서 그 업체의 경쟁업체도 함께 알아보면 어떨까요?"라는 식이다.

이렇게 최대한 동일한 행동 패턴을 보여주면, 사람들은 본능적으로 안심하고 안정적인 심리상태가 된다. 반대로 갑자기 행동이 달라지면 경계하게 되고 주목을 받게 되는데, 이것은 불안을 야기하고 부정적인 마음을 갖게 하므로 주변 사람들에게 신뢰를 구축하고자 한다면 이런 돌발적인 행동은 피하는 게 좋다.

내가 이렇게 최대한 동일한 행동 패턴을 몇 년 동안 계속 보여 오다가 '드디어 신뢰가 어느 정도 쌓였구나'라고 인지한 사건이 있었다. 어느 날 독감이 너무 심하게 걸려 도저히 출근하기가 힘든 상황이었다. 독감 예방 주사를 귀찮아서 맞지 않은 것에 뼈저리게 후회했다. 아침에 겨우 겨우 몸을 일으켜 팀장님께 전화를 한 뒤, 당일 연차를 사용하겠다고 말했다. 팀장님은 한 번도 그런 적 없는 사람이 아파서 회사를 못나간다고 하니, 진심으로 걱정해주었다. 공교롭게도 마침 그날은 오후에 팀원 전부가 모여 워크숍 행사가 있는 날이었는데, 오후에 팀원들이 다 모이고 나니 팀원들 사이에서 내가 없다는 것을 그제야 깨달았다고 한다.

사람들은 모두 내가 출근해서 어디 회의 갔거나, 실험실에서 당연히 일하고 있다고 생각하고 있었던 것이다. 팀장님이 깜박하고 미리 팀원들에게 내가 아파서 연차 냈다는 것을 말하지 못했고, 워크숍이 시작되고 나서야 내가 독감에 걸렸다는 것을 알렸다. 나는 몸조리 하고 있는데 오후 들어서 갑자기 팀원들에게 몸 괜찮냐는 연락이 많이 오기에 무슨 일인가 싶었다. 나중에 이 얘기를 후배에게 듣고는 팀원들에게 어느 정도 신뢰가 쌓인 것에 내심 뿌듯해했다. 어느 날 갑자기 늦거나 회사를 오지 않아도 '이 사람에겐 분명 무슨 일이 생겼나 본데'라는 인식과 '이 사람 또 이러네'라는 인식의 차이는 업무를 수행함에 있어서 엄청난 차이를 불러올 수 있다.

경계가 약해질 때

사람마다 회사에서 경계가 약해지는 때가 있다. 누군가는 커피마시는 아침시간이 그렇고, 누군가는 몇 명이서 야근할 때가 그렇다. 또는 야외 행사를 할 때나, 경조사가 있을 때나, 회식을 할 때도 사람들의 벽이 자주 허물어진다. 이럴 때 자연스럽게 친분을 쌓고 신뢰를 구축하면 좋다. 사람들이 쉽게 선입견을 가지는 게 그 사람의 사정을 잘 알지 못해서 오는 오해인 경우가 많기 때문에, 친분을 쌓아가는 과정에서 본인의 인간적인 모습을 많이 보여줄 필요가 있다.

구체적으로 사람마다 점심을 먹을 때 기분이 좋아지고 활기를 띄는 사람이 있는데, 눈치를 보다가 이런 사람의 옆자리에 앉아 식사를 하며 담소를 나눈다. 그러다보면 회사에 대한 정보도 얻을 수 있고 이들의 개인적인 사생활도 알아갈 수 있다. 또 다른 사람은 회식 때 술이 들어가면 말이 많아지는 경우가 있는데, 재미있으면 그나마 다행이지만 재미없으면 곤욕이다. 하지만 좀만 참고 들어 주기만 해도 이 사람은 나를 좋게 본다. 왜냐하면 주변에 그렇게 가만히 들어주는 사람이 별로 없기 때문이다. 앞서 얘기한 이런 상황들 속에서는 경청하는 자세가 좋은 무기가 될 수 있는 것이다.

그런 반면에 회사에서 책임감 있게 일을 해나가는 모습이나 전문적 역량을 배우기 위해 먼저 다가오는 사람들도 있다. 그렇기 때문에 일에서는 항상 프로페셔널한 모습을 보여줄 필요가 있다. 업무에 있어서 먼저 물으러 온다는 것은 어느 정도 나를 인정한다는 것이므로, 이럴 때 조금만 친절하게 답해주기만 해도 쉽게 내 편으로 만들 수 있다. 물론 너무 반복적인 질문과 업무를 떠넘기려 하는 태도까지는 친절할 필요는 없다. 그렇기 때문에 먼저 나에게 접근하는 사람을 조금은 전략적으로 구분하여 대하는 게 좋겠다.

이렇게 사람들마다 본인의 경계가 있고 그 경계가 허물어지는 순간이 있는데, 이런 상황을 잘 캐치하면 친분을 더욱 쉽게 쌓아갈 수 있다. 그러다 어느 순간 회사에서 일하고 있을 때 누군가 다가와 당신에게 별 일 없는데도 "바빠? 커피 한 잔 할까?"라고 먼저 말해온다면, 그 사람에 대한 신뢰는 이미 구축되었다고 봐도 무방하겠다. 바쁜 회사생활 속에서 일부러 시간을 내어 커피를 함께 마시며 개인적인 담소를 나누는 것만큼 친분을 나타내는 게 없기 때문이다.

10분 먼저, 하루 먼저

회사뿐만 아니라 개인 생활 속에서도 시간 약속을 잘 지킨다면 신뢰를 쌓기 쉽다. 시간은 한정적이기 때문에 모든 사람들에게 중요하고, 다른 사람의 시간을 소중히 생각하는 마음이 전달되면 그 순간마다 신뢰가 쌓여가는 것이다. 친구 중에도 워낙 가깝기 때문에 시간 약속을 소홀히 하는 경우가 있는데, 이게 한 사람에서만 계속 누적되면 불화가 찾아오게 마련이다. 친한 사람도 한순간에 갈라놓을 수 있는 시간 약속은 회사에선 더욱 철저하도록 노력해야 하겠다. 물론 제 시간을 맞추는 것만 해도 큰 노력이 필요하지만, 함께 모이는 회의시간이나 보고 자리는 10분 먼저 미리 와 있도록 하고, 취합해야 하는 자료나 공유해야 하는 자료는 데드라인 하루 전에 미리 전달해주도록 하면 더욱 빠른 신뢰 쌓기가 가능해진다.

가끔 이벤트성으로 긴급하게 문의하거나 자료를 요구하는 경우도 있는데, 이를 즉각 대응해주면 나에 대한 신뢰는 한층 업그레이드된다. 이처럼 남들이 기대하는 시간보다 조금 더 이른 시간에 나의 행동하는 모습을 보여준다면, 신뢰라는 울타리를 더욱 견고히 하는데 유리할 것이라고 생각한다. 바쁜 회사 생활에서 내 일을 처리하고 제 시간을 지키는 것만으로도 벅차다고 느낄 수 있지만, 사람의 신뢰를 얻기가 그만큼 힘들다는 것을 알아야 한다. 내 시간을 쪼개가며 남의 시간에 보탬이 되어야 비로소 신뢰라는 달콤한 열매를 얻을 수 있다.

지금까지 회사에서 신뢰를 구축하는 나만의 방식을 소개하였다.

최대한 동일한 행동 패턴을 보이고, 사람마다 다른 경계를 허무는 타이밍에 친분을 쌓으며, 시간 약속을 잘 지키는 것을 넘어 좀 더 일찍 행동하는 것이다. 나는 이것이 회사에서 신뢰를 구축하는 데 있어 큰 도움이 될 것이라고 생각한다. "내 일 하기도 바쁜데 이걸 다 신경 쓰면서 어떻게 해요?"라고 물을 수 있다.

회사에서 신뢰를 쌓기 위해선 자신의 시간과 노력을 희생해야 가능하다는 것을 잊지 말아야 한다. 굳이 나는 그렇게까지 해서 신뢰를 쌓고 싶지 않다고 한다면 어쩔 수 없지만, 이 글은 첫인상의 반전을 노리거나, 탄탄한 신뢰의 이미지를 갖고 싶은 분들에게는 도움이 될 것이라 확신한다. 회사에서 나를 '신뢰의 아이콘'으로 보고 더 큰 기회를 줄 것인지, 아니면 '지뢰의 아이콘'으로 보고 피해 갈 것인지는 결국 내가 쌓아 온 노력에 달려 있다.

직장생활은
찌질해야 한다

내가 인생을 살면서 가장 찌질했던 순간이 언제인지 생각해보았다. '찌질하다'라는 용어를 국어사전에 찾아보니 '보잘것없고 변변치 못한 것을 속되게 이르는 말'이라고 한다. 내가 언제 가장 보잘것없고, 변변치 못했을까. 돈이 없던 대학생 시절에 어떻게든 술 마시려고 했던 날들이 기억난다. 돈은 없지만 술은 마시고 싶어서 친구와 주머니를 탈탈 털어 편의점에서 소주와 새우깡을 샀었다.

심지어 소주도 1.5리터짜리 담금술을 샀는데 양이 많고 쌌다. 친구와 교내 잔디밭에 앉아 나발을 불며 꿈을 이야기했던 일. 아무래도 찌질하지만, 그래도 지금 생각해보면 나름 낭만이 있었다. 바닥을 모르던 찌질한 대학생 시절에 같이 바닥을 누빈 내 친구는 평생 친구가 되었다. 이제는 그의 가족들과 함께 만나 새로운 추억을 쌓아 가고 있다.

남중 남고를 나와 친구라곤 남자 투성이었던 내가 대학교 신입생 때 여자 친구라는 것을 처음 사귀었던 시절. 대학교도 공대라서 주변에 남자들밖에 없었지만 그 좁은 틈새에서 같은 동아리였던 한 여자를 만난 것이다. 여자라는 생명체에 대해 아무것도 몰랐고, 어떻게 대해야 할지도 몰라서 허둥지둥했다. 어느 날 여자 친구가 말했다.

"애인 사이에 우산은 하나로 같이 쓰는 게 좋지 않을까?"

그동안 난 비 오는 날엔 각자 하나씩 우산을 쓰는 게 더 편하고, 비도 덜 맞을 거라는 생각이었다. 아무래도 남자들과만 지내다 보니 자연스럽게 남자 친구들처럼 대했던 것이다. 효율성 관점으로 여자 친구를 대하고 있었으니, 나의 첫사랑은 6개월도 채 못 갔다. 너무나 서투르기에 찌질했고, 지금 생각해보면 민망하기까지 하지만 여자 친구는 오랜 기간 동안 나를 이해해 준 것이었다. 6개월의 찌질했던 기간 동안 나는 여자라는 존재를 인지했고, 어떻게 다가가야 할지 몸으로 깨달았다.

직장생활을 하면서 가장 찌질했던 순간은 아무래도 신입사원 시절일 것이다. 사회에 첫 발을 내딛는 만큼 무척이나 어리

숙했다. 특히, 나는 남들보다 신입사원생활을 오래했다. 그만큼 찌질했던 나날들이 더 길었던 것이다. 처음 입사하여 팀 배치를 받을 때 인사팀에서는 나를 전공이 다른 곳으로 배치했다. 그때의 회사 사정이 있었겠지만, 대학교 시절 얘기했던 꿈과는 한참 더 멀어졌다. 1년 동안 그 팀에서 매우 찌질했다. 일도 찌질, 관계도 찌질, 커리어도 찌질. 1년 후엔 내 전공과 맞는 팀으로 전환 배치되었다.

다시 시작된 신입. 옮긴 팀에서는 OJT라는 신입 교육부터 또다시 시작됐다. 신입사원을 2번하면서 찌질하고 또 찌질했다. 팀 사람들에게 나의 이미지는 완전 나락으로 가 있었고, 회사생활을 바짝 엎드려야 했다. 하지만 이 찌질했던 2년 동안의 신입사원 시절에 나는 지금까지도 써먹는 회사에서 필요한 스킬들을 많이 배웠다. 사수들이 찌질한 내 모습을 보고 불쌍해서 자신들의 노하우를 스스럼없이 알려준 것도 한몫했지만, 살아남으려고 발버둥 치느라 수첩 빼곡히 업무절차를 써내려갔던 나의 처절함도 한몫했다.

회사에서의 찌질함은 나를 더욱 갈고닦게 했다. 잃을 게 없고 바닥을 다졌으니, 꾸준히 올라가기만 하면 되었다. 찌질했기에 주변에 쉽게 물어볼 수 있었고, 찌질했기에 도움도 많이 받았다. 그러면서 회사생활한 지 몇 년이 지나자 찌질함은 어느 순간 사라지고, 그 자리엔 단단함이 자리했다. 너무나 단단하여 누가 뭐라고 해도 흔들리지 않았다. 그 순간 난 깨달았다.

직장생활은 찌질해야 하고 그것을 인정해야 한다는 것을. 생각해보면 직장생활뿐만 아니라 모든 삶의 새로운 도전은 찌질함과 함께한다.

'새롭게 한다'는 것은 초보자를 의미하고 초보자는 찌질할 수밖에 없기 때문이다. 차이는 이 찌질함을 극복하고 단단해지느냐, 극복하지 못하고 찌질한 상태로 남아 있느냐에 따라 달려 있다. 그렇다고 평생을 찌질하게 살 수는 없다. 왜냐하면 찌질함은 두려움과 민망함을 동반하므로 삶이 황폐해질 수 있기 때문이다. 내가 원하는 찌질함은 적정 기간 동안 일시적인 것이고, 충분히 노력하여 극복 가능한 것이다. 우리가 직장생활에서 찌질해지는 순간은 신입사원 시절과 전환 배치로 팀을 옮기게 된 순간, 타 회사로 이직하게 될 때 등 회사에서 새로움과 맞닥뜨려야 할 때이다. 이 황금 같은 찌질한 순간을 너무 두려워하지 말고, 나를 한층 더 성숙하게 하는 자양분으로 생각하여 현명하게 극복해 나가기를 바란다.

직장생활에서
가장 '무서운 사람' 되기

직장생활을 하다 보면 다양한 군상의 사람들을 만나게 된다. 신기한 것은 신입사원을 뽑을 때 자소서로 1차 필터링을 하고, 인성검사와 여러 차례의 면접을 거쳤는데도 사람의 다양성은 훼손되지 않는다. 극도로 소심하여 다른 팀원들 앞에 나서서 얘기하는 것을 싫어하는 사람이 있는 반면에, 본인이 하지 않은 일도 혼자 스스로 한 것처럼 자랑스레 남들에게 떠벌리는 사람도 있다. 조직의 특성에 따라 특정한 사람의 유형이 더 성과를 잘 내고 승승장구하여 팀장이나 임원의 위치까지 올라가는 것 같지도 않다. 윗사람들을 대해 보면, 그들은 또 그들 나름대로 다양성을 갖추고 있기 때문이다. 그래서 팀원들은

'어느 장단에 맞춰야 해?'라는 불만을 제기하기도 한다.

그렇다면 직장에서 어떤 사람이 가장 무서울까? 권력이 높은 임원, 회장의 친인척, 나에게 피해를 주는 팀원 등도 무섭다면 무서운 사람이겠다. 이런 것들은 내 노력 여하에 따라서 크게 바뀔 수 없는 것들이다. 그냥 최대한 눈에 띄지 않게 피해 다니는 게 상책이다. 하지만 여기서 다룰 무서운 사람은 직장생활에서 본인만의 노력으로 스스로 장인정신을 갖춘 사람이다. 우리는 이런 사람들을 보면 범접할 수 없는 아우라를 느끼게 되고, 존경심을 갖게 되면서 '무서운 사람'이라는 인식을 하게 된다. 아마도 주변을 둘러보면 이런 인물들이 한둘쯤 있을 것이다. 이 글에서는 내가 직장생활을 하면서 보아왔던 '무섭게도 존경스러운 인물'에 대해 묘사해보고자 한다.

남들보다 매일 두 시간 일찍 출근하는 새벽형 인간

우리 회사에는 가장 먼저 회사에 와서 불을 켜고 책상에 앉아 있는 사람이 있다. 나도 일찍 도착하는 편인데, 항상 와보면 그 사람은 똑같이 앉아서 무언가를 하고 있다. 어느 날은 자리에 없을 때도 있는데, 알고 보니 회사 헬스장을 다녀온 것이었다. 이 분은 누가 시키지 않아도 스스로 아침에 일찍 출근한다. 몇 번 대화를 나눈 적이 있는데, 대화를 통해 아침 일상을 가늠해보면 대략 5시쯤 기상하는 듯했다. 아침식사를 하고 이것저 것 준비하여 회사에 오는 시간이 6시 반. 정규 근무시간인 9시보다 2시간 반이나 일찍 오는 것이다. 사실 가장 무서운 것은 이 매일의 2시간 반 동안 대체 무얼 하는지 모르고 있다는 것이다. 그나마 하나 알게 된 것은 특정한 요일에는 헬스장에 가느라고 자리에 없단 사실이다.

어느 날은 내가 7시 반쯤 출근한 적이 있는데, 컴퓨터 자판 두드리는 소리가 빈 사무실을 가득 채운 적도 있었다. 보고서를 쓰는 걸까? 회사 일이 아니라면 다른 일을 하고 있나? 궁금했지만 직접 물어볼 수는 없었다. 정말 무서운 것은 하루도 안 빼놓고 매일 나보다 일찍 와 있다는 것이다. 인생에서 가장 중요한 일은 아침에 일어나자마자 하라는 명언이 떠오른다. 그의 아침시간은 온전히 자기만의 시간일 것이다. 그 시간 동안 무엇을 하는지 알 수 없지만 꾸준히 뭔가를 하고 있다면, 그는 인생의 중요한 무기를 만들고 있으리라.

회사 일을 하고 있다면 남들보다 많은 시간 일하면서 자연스레 성과를 낼 것이고, 회사 일이 아닌 다른 일예를 들어 글쓰기, 블로그 활동, 운동, 독서 등에 몰입하고 있다면 꾸준한 자기계발을 하고 있단 뜻이었다. 일찍 출근했기에 야근도 그리 많지 않다. 나는 그가 야근하는 것은 거의 못 본 것 같다. 아무리 바빠 보여도 정규 퇴근시간 내에 업무를 마무리하고 깔끔하게 퇴근한다. 이런 사람은 항상 준비가 되어 있기에 회사의 풍파에 대해 전혀 두렵지 않다. 직장생활에서 자기만의 내공을 꾸준히 쌓고 있는 사람이 진정 무서운 사람이라 할 수 있겠다.

타이트한 시간관리 능력자

직장생활을 하다 보면 일정관리의 어려움이 있다는 사실은 모든 이들이 공감할 것이다. 제한된 시간에 맡은 일을 하려니 고되고 힘들다. 그러다 일이 몰리기라도 하면 마감날짜를 맞추기 위해 야근을 서슴지 않으며, 미친 듯이 막판 스퍼트를 달린다. 그렇게 시간에 쫓겨 억지로 만들어진 결과물들에 대한 피드백은 좋을 리 없다. 하지만 우리는 이러한 변명을 늘어놓기 바쁘다.

"시간이 없기에 그 정도가 최선인 것이고, 사람을 더 뽑아서 일을 줄여주면 그땐 완벽한 보고서가 나올 수 있어요!"

왜 우린 항상 시간이 없을까? 나는 회사에서 답을 찾기 위해 주변 사람을 둘러보았다. 팀 선배 중 한 명이 눈에 띄었다. 왜냐하면 팀원들이 모두 이 사람을 믿고 신뢰하고 있었는데, 막상 일이 많아서 바빠 보이진 않았기 때문이다. 친하게 지내는 선배라 나도 이 사람이 왜 팀에서 신뢰받고 있는지 대강 알고 있다. 일이 많은 자리임에도 주어진 일정을 한 번도 어긴 적이 없었다. 항상 마감 당일 오전에 완료하거나, 하루 전에 완료

해서 남들은 정신없는 마감 당일에 여유롭게 커피를 마시거나, 다른 일을 벌써 시작하고 있었다. 어느 날은 커피를 마시며 물어보았다.

"내일이 마감일인데 바쁘지 않으세요?"
"아, 대강 끝내 놓고 마지막 검토만 하면, 내일 오전에 제출할 수 있을 것 같아."

여유가 느껴졌다. 그는 이미 회사생활을 정통한 베테랑이었고, 일의 전반적인 흐름을 꿰뚫고 있었으며, 소요되는 시간까지 타이트하게 계산하고 있었다. 그는 시간관리의 신이었다. 나는 그가 야근하는 것을 한 번도 본 적이 없다. 또한 점심시간에 업무를 하는 모습도 본 적이 없고 쉴 때는 푹 쉬고 있었다. 게다가 정시 퇴근 후에는 가정생활에 충실한 것처럼 보였다. 예전에는 꽤 많이 야근했다고 하는데 적어도 최근 2년 동안 내가 보아온 모습에서 그가 야근하는 장면은 전혀 관찰되지 않았다. 한 번은 너무 궁금해서 물어 본 적이 있다.

"아니, 일이 그렇게 몰리는데도, 어떻게 야근 한 번 안 해요?"

그와 어느 정도 친분이 있었기에 물어볼 수 있는 질문이었다.

"나는 그냥 아무 생각 없이 일이 떨어지면 바로 시작해. 그리고 거의 마감 일주일 전에 초안은 만들어 놓으려고 해. 마감일까지 검토랑 수정만 할 수 있게… 그러다 다른 일이 들어오면 그 일에 집중하다가 틈틈이 이전에 해놓은 초안을 검토하는 거지. 그럼 동시에 여러 일을 할 수 있어!"

그는 별일 아니라는 듯 쉽게 말했지만, 나는 그게 얼마나 어려운 일인지 안다. 그러기 위해선 이미 밀린 일이 없어야 했고, 일을 시작하고 초안이 완료될 때까지 걸리는 시간을 스스로 계산해내야 하기 때문이다. 이처럼 자기만의 루틴으로 타이트하게 시간관리하는 사람도 나에겐 '무서운 사람'이었다.

무색무취의 조용한 성과자

어떻게 보면 개인적으로 가장 '무서운 사람'이라고 생각한다. 어느 조직이든 한 명씩은 있는 듯한데, 이 사람이 사실 무슨 생각을 하는지 모르겠다. 자기 생각이나 개인 사생활에 대해서 표현을 잘 안 하고, 있는 듯 없는 듯 회사생활을 한다. 그래서 거의 혼자서 점심을 먹거나, 커피를 마신다. 이런 사람을 좋아하는 특이한 취향(?)의 사람들이 다가가 함께 있는 모습을 보곤 하는데, 그 사람의 옅은 미소에서 숨겨둔 본성이 드러난다.

우리 팀에도 물론 이런 사람이 있지만, 사실 난 신경을 잘 쓰지 못했다. 그가 경력으로 입사하기도 했고, 나랑은 다른 분야의 업무를 하고 있었기 때문이다. 어쩌다 한 번 짧게 대화를 나눈 적이 있는데, 무색무취의 느낌이었다. 내 얘기만 잔뜩 쏟아 내었지만, 그는 동조하지도 부정하지도 않았다. 하지만 그냥 물처럼 무색무취가 아니라, 얼음처럼 무색무취였다. 본인만의 곤조가 확실히 있는 느낌이었다.

아니나 다를까 시간이 지날수록 그의 '조용한 성과'는 빛이 났다. 다른 사람은 작은 성공으로도 부풀리며 떠벌리기 바쁜데, 이 사람은 엄청난 성과를 내고 회사에서 상도 받았음에도 별 일 아니라는 듯 전혀 내색하지 않았다. 다른 사람의 반응은 신경도 쓰지 않고 다음 성과를 준비하느라 새롭게 집중하고 있는 것 같았다. 마치 성과 내는 로봇 같았다. 회사는 이런 사람을 좋아한다. 아무 탈 없고, 요구사항도 없고, 불만도 없다.

그저 자기에게 주어진 일에 대해서 성과를 만들어 내고 누구도 침범할 수 없는 본인만의 전문영역을 구축해낼 뿐이다. 어느 순간 무색무취의 그에게서 발산하는 증기가 느껴졌다. 일에 대한 불같은 열정이 물을 증기로 만들어 버렸다. 그에게는 아무데나 갔다 놔도 성공을 이끌어 내는 에너지가 있었다. 왜 사람들이 먼저 다가가는지 알 것도 같았다. 이렇게 본인의 에너지로 엄청난 성과를 내고도 조용히 할 일 하는 사람은 존경

받을 만한 '무서운 사람'이었다.

지금까지 내가 생각하는 '무서운 사람'을 세 명 만나 보았다. 새벽형 인간, 시간관리 능력자 그리고 조용한 성과자로 요약할 수 있다. 어떤가? 본인이 속한 조직에도 이런 무서운 사람이 있는가? 아니면 당신이 그 사람에 속하는가? 나도 이들처럼 아무나 범접할 수 없는 존경스러운 직장인으로도 거듭나야 하겠다.

그들에겐 한 가지 공통점이 있었다. 그것은 바로 '자기만의 길을 스스로 만들어 꾸준히 실행'하는 사람들이었다. 멋있고 존경스러웠다. 직장생활을 하면서 그들에게 이런 에너지를 받을 수 있다는 게 행운이라고 생각했다. 여러분들도 직장생활을 하며 본인이 생각하는 '무서운 인물'들을 찾아내고 관찰하며, 좀 더 회사생활에 재미를 느끼고 성장의 에너지를 듬뿍 받기를 바란다.

4장

그럼에도 퇴사 카드는
마음속에 품고 있다

나는 얼마나 일에 매몰되어 있는가?

보통의 직장인이라면 이십 대 후반에 취업하여 60세 전후로 퇴직할 것이다. 물론 개인차가 있어서 퇴직하는 나이는 천차만별이다. 난 60세까지만 이 회사에서 일해도 선방했다고 생각한다. 그 이후의 삶은 아직 고민해보지 않았지만, 아무래도 새로운 일자리를 찾아야 하지 않을까 싶다. 그게 무슨 일이든 일을 해서 노후까지 먹고살아야 할 테니 말이다. 그만큼 일이라는 게 내 평생을 함께하는 그림자 같은 존재가 된다. 예전 신입사원 교육 때 특강에서 한 임원이 이런 말을 했다.

"일은 내가 직접 컨트롤해야 할 대상이지, 내 인생이 매몰되어버리는 대상이 되면 안 됩니다."

그땐 이게 무슨 말인지 잘 이해되지 않았었다. 하지만 직장 생활을 10년 정도 하다 보니 이제야 어떤 의미로 임원이 이런 말을 했는지 차츰 깨닫게 되었다. 내가 스스로 일을 끌고 가도 쉽지 않은데, 일에 멱살 잡혀 끌려다니면 그것만큼 곤욕스러운 게 없다는 사실도 알게 되었다. 일이라는 것을 능동적이고 적극적으로 해나가는 사람이 장기적으로 성과를 만들어 내는 것은 확실한 듯하다. 그래서 일이 재미있는지, 더 알고 싶은지, 보람을 느끼는지를 계속 자문해보기도 한다.

그러다 보면 일에 매몰되어버리는 경우가 생기는데, 능동적인 매몰과 수동적인 매몰이 있을 수 있다. 능동적 매몰을 앞서 얘기했듯이 일에 재미를 붙이다 보니 자발적으로 일에 매몰되어버리는 경우다. 수동적 매몰은 일에 흥미도 없는데 윗사람의 강요나, 돈을 벌기 위해 어쩔 수 없이 비자발적으로 매몰되는 경우가 되겠다. 능동적이든 수동적이든 일에만 매몰된 워커홀릭의 인생을 살아간다는 게 결코 행복해보이진 않는다.

나는 한번 얼마나 일에 매몰되어 있는지 스스로 점검해보기로 했다. 회사에 있지 않아도 일에 대해 생각하는 시간과 일과 연관된 시간들을 모두 포함시켰다.

• **출퇴근 시간** : 2시간 30분

- **업무시간** : 9시간 야근 포함하여 평균 냈을 때
- **업무 외 시간** : 1시간 개인 시간 동안 회사 관련된 메일, 전화, 메시지 확인 등

내 보통날들은 회사생활동안 대략 12시간 30분 정도는 업무와 관련되어 시간을 보내고 있었다. 하루에 24시간이 주어지는데, 실제로 일과 관련된 시간이 절반이 넘어가는 것이다. 평균적으로 잠자는 시간 7시간을 제외하면 개인 시간은 고작 4시간 반 정도만 남을 뿐이다. 이 시간에 개인적인 일을 보고, 육아하고, 집안일하고, 취미생활을 해야 한다. 너무나 빠듯한 하루다. 그저 일에 관련된 시간만 정리했을 뿐인데도, 내 삶이 일에 엄청나게 매몰되어 있다는 게 느껴진다. 이래서 직장인은 노예라는 말이 나올 수밖에 없는 것이다. 하지만 매몰과 몰입은 또 다르다. 주로 여기선 시간적인 매몰을 따져봤지만, 몰입은 깊게 집중하는 시간을 의미한다. 아마도 매몰된 시간보다는 한참 적은 시간일 것이다.

그럼 나는 어떻게 매몰되는 시간을 줄이고, 몰입하는 시간을 늘려서 조금 더 가성비 있게(?) 업무를 해나갈 수 있을까?

- 출퇴근 시간을 줄인다.
- 야근을 줄인다.
- 퇴근 후에는 업무 관련된 연락을 끊는다.

개인적을 할 수 있는 것들은 이게 최선이지만, 사실 개인이 이를 해내기에는 장애물들이 많다. 출퇴근 시간을 줄이려면 회사 근처로 가야 하는데 보통 회사 근처의 집값은 상대적으로 높고, 나처럼 육아 도움을 받기 위해 처가댁 근처에 살아야 하는 경우도 있다. 야근을 줄이는 것 또한 우선 업무량 분배가 제대로 되어야 하는데, 윗사람들은 적은 인원을 갈아 넣어서 최대한의 성과를 만들어내야 하므로 힘없는 일개 팀원이 이를 컨트롤하기 어렵다. 마지막으로 퇴근 후 연락 끊기도 사실상 급하거나, 윗사람의 전화라면 무시하기 어렵다.

단지 내가 윗사람과의 갈등 없이 컨트롤할 수 있는 것은 나의 업무 몰입도이다. 즉, 집중 근무시간을 늘리면 저절로 성과는 따라서 올라간다. 성과를 내면 그나마 윗사람들의 눈치에서 자유로워질 수가 있고, 그렇다는 건 불합리하게 일에 매몰된 시간을 줄일 수 있다는 것이다. 만약 효율적으로 일해서 내 일에 대한 매몰 시간을 줄였지만, 윗사람이 더 많은 일을 준다면 둘 중에 하나로 결정해볼 수 있겠다.

하나는 추가로 주어진 업무 또한 효율적으로 처리하기 위해 노력하고, 버텨서 임원의 길로 나아가는 것이다. 또 다른 하나는 내가 이만큼 성과를 냈고 더 많은 업무는 부당하다고 쳐내는 것인데, 기존 업무에서 성과를 이뤘기에 그나마 큰소리를 칠 수 있는 것이다. 윗사람도 잘하고 있는 사람이 빠져나가는 것만큼 불편한 일이 없기 때문이다.

일의 매몰 시간을 줄이기 위해선 불필요한 일도 쳐내는 게 좋다. 내가 생각하기에 시간을 들여 깊이 있게 정리해야 할 업무가 아니라면, 알아먹을 수 있게만 정리하고 대강 처리한다. 굳이 PPT로 자료를 만들지 않고, 메일로 보고한다. 또한 굳이 메일을 쓰지 않고, 구두로 전달한다. 그래도 윗사람이 보고할 자료를 요구한다고 하면, 업무 방향이 이상한 데로 돌아가지 않도록 최대한 빠르게 초안을 공유한다. 이런 식의 업무처리를 통해서 능동적으로 일을 끌고 가야 한다. 그래야만 내 삶이 일에만 매몰되지 않을 수 있다.

생각보다 많은 직장인들이 하루하루 일에 파묻혀 살아가고 있다. 회사에서 지나가다 보면 좀비처럼 또는 노예처럼 영혼 없이 일에 끌려 다니는 사람들을 종종 보게 된다. 나 또한 바쁠 때 그런 경우가 많았다. 너무나 안타까운 직장인의 현실 속에서 조금이라도 일에 매몰되는 시간을 줄여나가려는 노력이 그나마 생기를 찾을 수 있는 유일한 방법이다. 그러므로 일의 몰입도를 높여 빠르게 실적을 내고, 불필요한 일은 과감히 쳐내서 불합리하게 일에 매몰된 시간을 스스로 없애 나가도록 하자. 그게 능동적인 매몰이든 수동적인 매몰이든, 중요한 건 매몰이 아니라 몰입이라는 것을 항상 염두에 둬야 하겠다.

애사심이 쫘악
빠지는 과정

생각해보면 나도 신입사원일 땐 애사심이 충만했었다. 애사심이란 뭘까. 네이버 국어사전에 찾아보았더니 '몸담고 있는 회사를 아끼고 사랑하는 마음'이라고 한다. 입사가 확정되고 나서 나는 나를 뽑아준 회사에 무한히 감사했다. 주변 사람들에게 축하도 많이 받았다.

"그 회사 좋다는데, 고생 많았네."
"와, 거기 경쟁률 높다던데, 어떻게 갔어?"

그렇게 회사가 나의 자랑이 되었고, 회사에서 일하는 나의 멋진 모습을 상상했다. 신입사원이니 입사 초기에 연수와 교육이 많았다. 신입사원들을 모아놓고 연수를 할 때는 시키는 걸 아무런 불만 없이 다 했다. 군대처럼 새벽 6시에 기상해서 체조를 할 때도, 조별로 애사심을 보여줄 수 있는 짤막한 UCC 동영상을 만들 때도 나는 회사 입사하면 당연히 회사문화를 따르는 게 맞다는 생각이었다. 심지어 회사 임원들 앞에서 며칠간 배운 율동을 추며 재롱을 부릴 때도 나는 임원들 눈에 띄기 위해 몸부림쳤다. 아직 제대로 일도 안 했는데, 내 애사심은 하늘 높은 줄 몰랐다.

교육을 들을 때도 마찬가지였다. 회사를 창립한 명예회장의 생애를 달달 외우게 할 때도 있었고, 회사의 비전을 시험 보는 경우도 있었다. 명예회장의 묘지를 찾아간다거나, 험준한 산을 오르며 신입사원의 의지를 보여줘야 했다. 이럼에도 인사팀 직원은 높은 경쟁률을 뚫고 입사한 우리들에게 조직의 새로운 피로 회사의 문화를 바꿔나가길 바란다고 말했다. 특강을 온 임원 한 분은 자신이 얼마나 치열하고 처절하게 일해서 이 위치까지 올라왔는지에 대해 얘기하며 회사생활에 대한 조언을 아끼지 않았다.

회사의 별인 임원은 아무나 하는 게 아니라는 생각이 들었지만, 내심 속으로 '회사에 입사했으면 임원은 달아봐야지'라는 마음도 있었다. 교육을 받으면서도 회사는 나에게 애사심을 주입했고, 열린 마음으로 임했던 나는 그대로 그 애사심을 흡

수했다. 교육이 모두 끝나고 마지막 날 인사과 직원들과 맥주 파티를 하며, 신입사원들은 돌아가며 건배사를 하였다. 나 또한 건배사를 했다.

"이렇게 저를 뽑아준 회사에 너무 감사하고, 앞으로 빨리 적응하여 회사에 도움이 될 수 있도록 하겠습니다!"

잘 기억은 나지 않지만, 대강 이런 의미였다. 이때는 이렇게 말해야만 했고 이렇게 말하는 게 당연하다고 생각했다.

직장생활을 한 회사에서 10년 이어오다 보니, 이런 신입 때의 패기와 애사심은 좌악 빠진 지 오래다. 이젠 마치 마른걸레처럼 아무리 쥐어 짜내도, 한 방울의 애사심도 나오지 않는다. 10년 동안 나에게 무슨 일이 있었던 걸까. 회사에 목숨 바쳐 일할 것처럼 했던 나의 신입시절은 어디로 가버린 것인가. 지금도 가끔 동기들을 만나는데, 신입사원 시절 얘기를 하면 모두 소스라친다. 우리가 왜 그렇게까지 했는지 TV에서 나오는 집단 최면에 걸린 사람들처럼 행동했던 게 그냥 이젠 재밌는 추억거리 중에 하나가 되어버렸다. 10년 전 충만했던 애사심이 지금은 전혀 남아 있지 않게 된 나름의 이유들은 있다. 그들과 나의 이야기를 통해 애사심이 좌악 빠지게 된 과정을 조금 살펴보도록 하자.

잘 돌아가는 기계 부품일 뿐

신입사원 시절 모든 연수와 교육을 끝내고, 현업에 투입되었다. 나의 이 불타오르는 열정으로 무슨 일이든 해내겠다는 마음뿐이었다. 사수가 정해지고, 사수를 통해 실무를 배워 나갔다.

"신입 교육 때 도대체 뭘 배운 거야?"
"내가 말했는데 금세 까먹었어?"
"그렇게까지 안 해도 돼"
"우리의 역할은 여기까지야."

뭔가 내가 생각했던 창의적이고, 획기적인 일이 아니었다. 나름 연구소로 입사를 했기에 기대도 컸었다. 나만의 역량을 뽐낼 수 있는 업무구조도 아니었다. 그저 기계 부품처럼 정해진 일이 잘 굴러가도록 만드는 것뿐이었다. 물론 그것조차도 쉽지 않았다. 정해진 규칙과 따라야 할 절차들이 더 이상 나라는 가지가 뻗어나가지 못하도록 울타리를 쳐버렸다. 그 속에서 내가 할 수 있는 것과 하지 못하는 것을 구분해냄으로써 애사심이 한 꺼풀씩 벗겨지고 있었다.

내가 존경하는 선배들이 한두 명씩 회사를 그만두었을 때, 난 '이들이 없으면 업무가 안 돌아갈 것 같다'는 생각의 틀이

깨져버렸다. 특히나 규모가 어느 정도 있는 회사에서는 이미 프로세스가 갖춰져 있기 때문에 직원들의 역량이 높아보여도, 구멍난 그 자리가 아무리 큰 구멍일지라도 금방 새로운 인원 또는 기존 인원들로 인해 대부분 메워진다. 그 모습을 가만히 옆에서 보고 있노라면 결국 아무리 용을 써서 업무 수행능력을 높여도 그저 잘 돌아가는 기계 부품 중 하나일 뿐이라는 걸 깨닫게 된다.

심지어 대체불가능하다고 생각했던 임원들조차 하루아침에 잘리는 곳이 회사라는 정글이다. 일말의 인간적인 배려조차 없는 곳에서 나는 선택을 해야 한다. '잘 돌아가는 기계 부품으로 오래도록 돌아갈 것인가?, 삐걱거리는 기계 부품으로 쉽게 교체될 것인가?'를 말이다. 결론은 이러나 저러나 못 쓰게 되면 갈아 치워져 버린다는 것이다.

● 애사심이 가장 높은 직원, 임원

현업을 이어가는 동안, 아무래도 팀장을 포함한 팀원들에게는 애사심이라는 게 잘 보이지 않았다. 신입사원이었던 내가 애사심이 가장 높은 것 같았다. 어느 정도 현업에 적응할 때쯤 우리 조직을 이끌어가느라 너무나도 바쁜 임원과의 식사자리가 마련되었다. 신입사원은 모두 해야 하는 절차 중에 하나였다. 대화를 하면서 나는 깨달았다.

'아, 우리 조직에서 내가 애사심이 제일 높은 게 아니었구나!'

한 풀 꺾인 나의 애사심을 그대로 짓누르듯 임원은 상상 이상의 애사심을 나에게 보여줬다.

"회사의 비전을 따라 개인의 비전도 맞춰서 성장해야 합니다!"
"회사의 성장은 곧 여러분들의 성장을 의미합니다."
"우리 회사정도면 어디를 가도 인정받을 수 있습니다."

마치 회사와 자신을 동일시하는 물아일체가 아닌 사아일체 수준이었다. 주말 밤낮없이 일했던 과정들, 가족 행사보다 회사 행사를 우선시했던 날들, 본인 몸은 망가지더라도 회사는 망가지지 않도록 했던 일들 모두 내가 생각하는 것 이상으로 그는 회사에 모든 걸 바쳤다.

몇 년이 지나고 그렇게 회사에 몸 바쳐 일하던 애사심 최상의 임원은 어느 주말 골프를 치고 있다가 회사에서 온 전화 한 통을 받았다. 골프 또한 회사생활을 더욱 잘하기 위해서 배운 것이라고 했었다. 그러나 그의 표정은 순식간에 굳어질 수밖에 없었다. 임원의 퇴직은 회장 비서실에서 직접 전화를 하여 통보하는 형식이었다. 회장도 아닌 회장 비서실 직원에게서 말이다.

나는 최소한 회사에 몸바쳐 일한 임원에게는 회사의 대표가 위로의 말을 건넬 것이라고 생각했지만, 그건 그저 나의 허황된 상상이었을 뿐이었다. 그는 한순간에 소리 소문 없이 퇴직처리되었고, 그래도 임원이라 몇 년 동안 명목상 사외이사로 전임하였다. 그 임원의 자리는 순식간에 다른 임원으로 대체되었다. 그래도 나름 존경하던 임원이었는데, 뭔가 아쉬운 마음과 배신감이 공존했다. 그리고 이 사건 이후로 나의 애사심은 바닥으로 주저앉았다.

● 배신감으로 인해 닫힌 마음의 문

임원도 한순간인데, 평범한 직원이라고 해서 다를 게 있을까. 우리는 그저 회사에서 불필요해지는 순간에 바로 짐을 싸면 되는 것이었다. 연말만 되면 과, 차, 부장 할 거 없이 바로바로 짐을 싸고 집으로 갔다. 명목은 희망퇴직이었고, 실제로는 강제퇴사였다. 그들이 애사심이 얼마나 있었는지, 얼마나 열정을 갖고 회사생활을 임했는지는 중요하지 않다. 그저 회사에 돈을 잘 벌어다 주고 손해를 끼치지 않게 하는 것이 가장 중요했다. 그러다가 더 이상 실적이 없고 삐걱거리는 순간에 내쳐지게 되는 것이다. 회사는 이를 기가 막히게 알아낸다. 아니, 실제로는 직원들끼리 감시하는 체계를 만든다. 피라미드 구조의 승진체계에서는 서로가 서로를 물어 뜯어야만 경쟁우위를 차지하게 되는 싸움인 것이다. 이런 싸움에 지치고 상처를 입어 스스로 그만두게 되는 이들도 존재한다.

회사의 애사심은 성과급과 복지에서 온다는데, 회사가 어려울 때 가장 쉽게 줄일 수 있는 것도 이것들이었다. 어쩌다 한 번이면 그러려니 하겠는데, 내가 입사한 이후로 회사에서 이번 연도는 어렵다고 말하지 않은 경우를 한 번도 보지 못했다. 항상 올해가 가장 큰 위기라고 말했다. 그래놓고선 회장의 연봉은 역대 최대를 달렸다. 그나마 있었던 커피머신과 생일선물 그리고 장기근속 포상제도와 같은 복지는 회사 차원의 원가절감이라는 이유로 하나씩 사라져 가고 있었다. 아무리 애사심을 가지고 열심히 일해도 내게 돌아오는 것은 쥐꼬리만 한 월급과 회장의 자산이 불어 가는 뉴스를 지켜보는 것뿐이었다. 그렇게 나의 애사심은 한 톨도 남지 않고 사라졌다.

지금 생각해보면 애사심이 뭐가 그리 중요할까라는 의문이 든다. 그저 회사와 나는 비즈니스 파트너일 뿐이다. 서로의 계약관계에서 마음에 들지 않는 부분이 있으면 수정하면 되고, 아무리 수정해도 서로의 계약 관계가 더 이상 의미를 갖지 못하면 그 계약은 종료하는 것이다. 다만, 문제는 내가 그 계약에 '을'이라는 것. 사실상 계약에서 내가 할 수 있는 변경은 많이 없다. 그러니까 우리는 항상 회사와 동등한 입장이 될 수 있도록 나 스스로의 가치를 올려 계약관계에 당당히 임할 수 있도록 노력해야 한다. 그러기 위해선 하나의 길로 오를 수 있는 사다리 하나만을 아주 심혈을 기울여 만들지 말고, 여러 사다리들을 이곳저곳에 설치해놓고, 오르다가 무너지면 다른 사다리로 갈아탈 수 있도록 준비해야 하겠다.

수십 번의 이직 실패가
나에게 알려준 것들

　최근 3년 동안 나는 이직 결심을 하고 여러 회사에 경력 지원을 해왔었다. 이직 결심을 한 데는 여러 가지 이유가 있다. 먼저 10년 동안 동일하고 반복적인 업무를 해오면서 성장하는 느낌이 들지 않았던 게 컸다. 초기에는 많은 것을 배우고 익히느라 정신이 없었지만, 어느 정도 궤도에 오르자 스스로 정체되어 있다고 느껴졌고, 이로 인해 난 매너리즘에 빠져 있었다. 두 번째로는 함께 일하는 멘토가 없었다. 의지하거나 벤치마킹할 대상이 없다 보니, 내가 이 회사에 남을 만한 뚜렷한 이유와 방향이 보이지 않았다. 존경할 만한 멘토가 없다는 것은 등대가 없는 망망대해와 같다. 세 번째로 쪼그라드는 회사를 지켜

보는 게 괴로웠다. 한창 회사가 잘 나갈 때 입사하여 10년 동안 차츰 내리막길을 가고 있는 회사가 불안했다. 오죽하면 친한 동료들에게 이렇게 말했다.

"주식만 고점에 물린 게 아니라, 회사도 고점에 물려버렸네!"

갈수록 직원들은 복지가 줄어들고 연봉이 동결되는데, 윗선에서는 성과급 파티를 하고 있는 것마저 배신감으로 느껴졌다. 그들에게 나는 말 잘 듣는 개가 아니라는 저항의 목소리를 내고 싶은 마음도 들었다.

다양하고 복합적인 이유가 뭉쳐져서 결국 이직을 결심하게 되었고, 3년 전부터 공고가 하나씩 뜰 때마다 경력 지원서를 작성했다. 자동차, 배터리, 반도체, 로봇, 철강 등 제조업 기반에선 지원 분야를 가리지 않았다. 어떻게든 내 경력을 끼워 맞춰 최대한 각 회사 입맛에 맞도록 지원서를 수정하고자 노력했다. 워낙 내가 지금껏 맡은 일이 협소한 분야라 정확히 기존 업무와 매칭되는 경력 공고는 손에 꼽을 정도였다.

경력 이력서를 쓰고 떨어지고, 쓰고 떨어지고를 반복하였다. 아예 면접도 보지 못한 채 끝나버린 공고들이 수 십 개가 쌓여갔다. 그러다 한 군 데서는 최종 임원 면접까지 봤다. 하지만 결국 최종 면접에서 떨어지니, 오히려 이게 심리적 타격이 더 컸다. 나는 스스로 마음을 추스르며, 수십 번의 이직 실패를 통해 깨달은 바가 있다. 이 얘기를 잠깐 해보도록 하겠다.

절실함의 크기

나는 이직 시장에 날 내놓았을 때 무엇으로 경쟁력을 갖춰야 하는지를 고민했었다. 결국 지금껏 내가 해온 업무의 실적과 성과에 대해서 주로 얘기할 수밖에 없었다. 신입으로 지원했을 때는 가진 게 없지만 절실했기에, 열정과 패기로 밀어붙였었다. 하지만 경력 지원은 좀 다를 것이라 생각했다. 지금껏 내가 쌓은 커리어를 한번 정리해본다는 개념으로 경력 시장에 접근했었다. 하지만 내 이런 안일한 마음가짐이 내 경쟁력을 깎아먹었다. 누군가는 정말 목숨을 걸고 아주 치열하게 이직 준비를 하는 이들도 분명 있었기 때문이다.

"무슨 직무인지 잘 모르겠지만 어쨌든 공고가 떴으니까 그냥 한번 써봐야겠다."
"경력직은 자기소개서 잘 안 볼 것 같은데, 귀찮으니 그냥 예전에 썼던 것들 복사해서 붙여 넣기 해야겠다."

이런 태도가 경력 이력서에 그대로 드러나 있었다. 경력을 빽빽이 써도 모자랄 판에 사소한 경력이라는 생각이 들면 손쉽게 제외하였고, 대외활동란도 그냥 비워놓기 일쑤였다. 당연히 몇 항목 되지도 않는 자기소개서는 공통된 질문이 있다면 다른 회사에서 썼던 것들을 가져와서 회사 이름만 바꿨다. 나중에 다 제출하고 확인해보니 오타도 있었고, 회사명도 미처 바꾸지 못한 부분도 있었다. 이러니 서류 심사부터 제대로 통과될 리가 만무했다. 생각해보면 경력 이직에 대한 절실함이 많이 부족했다. 경력 이직은 성과 자랑만이 중요하다고 믿고 이러한 절실함은 거들떠보지도 않은 것이다. 절실하게 원하면 하늘도 감동하는 법인데, 나는 이를 간과하고 있었다.

사다리는 여러 개

내가 경력을 지원하는 초반에는 꼭 나랑 맞는 직무만 찾아서 지원했었다. 사실 내가 맡은 분야가 워낙 협소해서 적합한 직무를 찾는 것조차 쉽지 않았다. 그러다 보니 막상 지원할 곳이 많이 없었고, 만약 떨어지기라도 하면 또 다른 공고가 뜰 때까지 몇 달이고 손을 놓고 있었다. 이렇게 허송세월을 보내고 1년만에 정신을 차렸다. 조금이라도 비슷한 일을 했으면, 그게 지금 내 일과 딱 맞는 직무가 아니더라도 지원해보기로 마음먹은 것이다.

총알은 여러 개일 수록 과녁에 맞히기 쉽고, 사다리는 여러 개일수록 오르기 쉽다. 여러 군데 경력 이력서를 제출하니, 드디어 면접 기회가 찾아왔다. 오랜 기다림 끝에 찾아온 면접 기회라 부담감이 앞섰지만, 나름 열심히 준비했다. 하지만 결국 두 번째 최종 면접에서 떨어졌다. 엉겁결에 본 첫 경력 이직 면접이었지만, 이런 식으로 품종이 좋은 씨앗을 여러 군데 뿌려 놓으면, 하나쯤은 얻어걸리겠다는 확신이 들었다. 이 외에도 내친김에 경력 이직뿐만 아니라 새로운 품종의 씨앗들도 준비하기로 했다.

그중 하나가 '동일 회사 직무 전환'이고, 또 다른 하나가 '작가 지망생'이었다. 직무 전환은 팀장님 면담 기회만 주어지면 수시로 언급을 했었고, 작가 지망생은 지금 보는 것과 같이 플랫폼에 글쓰기부터 시작했었다. 추수의 계절이 언제 올지 모르겠지만, 이렇게 씨앗을 뿌려 놓는 과정만으로도 일상의 활력이 되고 자신감이 생겼다. 그렇게 시간이 어느 정도 흐르니 하나씩 고개 숙인 벼를 수확할 기회가 찾아왔다.

뜻밖의 기회

인생은 정말 계획대로 되지 않는다는 것을 다시금 깨달았다. 경력 이직을 하려고 마음먹고 준비하였지만, 결국 3년 동안 셀 수도 없는 서류 탈락과 단 한 번의 면접 기회마저 최종에서 미끄러졌다. 막상 나에게 이런 결과가 닥치니 힘이 쭉 빠졌고, 내 직무가 희소한 것은 미리 알고는 있었지만 이 정도까지 이직 시장에서 인정받지 못하리라는 것은 생각하지 못했다. 내 10년 동안 쌓은 커리어 자체가 '물경력'으로 강력히 의심되어 좌절감을 맛봤다. 주저앉아 한탄만 하고 있을 순 없었지만, 한동안 별 다른 해결책도 찾지 못했다. 심지어 회사생활을 중단하고 대학원을 가야 할까도 고민하게 되었다.

그러던 중 뜻밖의 기회가 찾아왔다. 3년 동안 팀장 면담 마다 주구장창 얘기하던 직무 전환에 대해 공식적인 회사 전환배치 제도가 생기면서, 팀장이 나에게 시범 케이스로 지원해보겠냐는 제안을 해준 것이다. 심지어 회사에서 새롭게 신설된 유망한 팀 소속의 팀원 자리였다. 안 갈 이유가 없었다. 나에겐 직무 역량 넓히기가 절실했기 때문이다. 이 기회는 또 다른 기회를 만들어줄 것이라는 확신이 들었다.

사실 이 얘기가 나오기 전에 사내에서 운영하는 소프트웨어 자격시험까지 통과한 상태였다. 여차하면 직무를 소프트웨어로 전환할 계획도 갖고 있던 것이다. 어찌 되었든 뜻밖의 기회가 찾아왔고, 쉬이 날아가 버릴까 손, 발을 모두 동원하여 덥석 잡아버렸다. 나는 이를 통해 포기만 하고 있지 않으면 언젠가 기회는 온다는 것을 깨달았고, 그 기회가 내가 갈망하던 형태와 완전히 같진 않더라도 시도하고 도전해보는 게 좋겠다는 생각이 들었다.

수십 번의 경력 이직 실패는 나에게 많은 것을 알려주었다. 결국 난 경력 이직에 실패했지만, 좌절하지 않음으로 인해 새로운 인생을 향한 도전을 앞두게 되었다. 앞서 말한 내용을 대략적으로 요약해보면 아래와 같고, 경력 이직을 노리고 있는 독자가 있다면 한 번쯤은 참고하길 바란다.

- 절실함의 크기가 경력 시장에서도 성패를 가르는 중요한 요소로 작용한다는 것
- 총알과 사다리와 씨앗이 많을수록 유리하듯 경력 시장에서 나를 많이 알릴 기회를 만드는 게 유리하다는 것
- 꼭 경력 이직이 아니라도 커리어를 전환할 수 있는 다른 방식이 생각보다 많다는 것
- 죽은 물고기처럼 흐르는 강물에 가만히 몸을 맡겨버리지만 않는다면, 어떠한 형태로든 생각지 못한 뜻밖의 기회는 항상 찾아온다는 것

내가 회사에서 '퇴사 카드'를 선뜻 못 내미는 이유

대부분의 직장인들은 '퇴사'를 마음에 품고 산다. 나도 마찬가지이다. "이번에 산 로또가 되기만 하면… 또는 이번에 들어간 주식 종목이 상한가 치면… 내가 당장 때려치운다!" 하는 누군가의 말을 주변에서 들어본 적이 있을 것이다. 하지만 불행하게도 이런 말을 하는 사람 중에 그만둔 사람은 보지 못했다. 평생직장이라는 개념이 사라진 요즘엔 사람들은 여러 이유로 퇴사를 하고 있다.

- 내 몸 값을 올리기 위해 다른 회사로 이직한다.
- 회사생활이 안 맞아 개인적인 사업을 준비한다.

- 주식이나 부동산 투자 또는 비트코인으로 큰돈을 한 번 만지고 는 전업 투자자로 산다.
- 배움에 뜻이 생겼거나 회사 도피처로 석사 또는 박사 과정을 준 비한다.
- 할 것은 없지만 지금 다니는 회사가 너무 싫어 자발적 백수로 지 낸다.

분명 다른 이유로도 퇴사하는 사람들이 많겠지만, 내 주변 에선 대략 이 정도 범위 내에서 퇴사 이유를 뽑아 볼 수 있었 다. 그렇다면 나는 왜 아직도 퇴사라는 카드를 마음 속 깊은 곳 에 품어놓고도 당당하게 내밀지 못하고 있을까? 내가 선뜻 퇴 사 카드를 못 내밀고 있는 이유를 써 내려가 보도록 하겠다.

월급은 내 마약

직장인들에게는 항상 겨우 겨우 먹고 살 만큼의 월급이 손 에 쥐어진다. 이 쥐꼬리만 한 월급으로 의식주를 해결하고, 아 이를 돌보고, 미래를 대비한다. 그러다 성과급이라도 한 번 터 지면, 그제야 조금 여유가 생긴다. 우리 직장인들에게 이렇게 꾸준히 들어오는 월급은 생활을 유지하고 가정을 지키는 데 필 수적이다. 그렇기에 우리는 쉽게 다른 일을 생각하지 못한다. 위험 부담이 따르게 되고 몇 달 또는 몇 년 동안 월급이 끊긴다면 답이 안 보이기 때문이다. 마치 한 달에 한 번 주어지는 마약처럼 우리는 규칙적으로 들어오는 월급에 중독되어 다른 삶을 생각하기가 힘들다.

이렇기에 아무리 회사에서 부당한 대우를 받거나, 회사생활이 마음에 들지 않아도 우리는 섣불리 퇴사라는 카드를 꺼내기가 어렵다. 특히나 요즘같이 취업시장이 얼어붙은 판에 다른 수입이 생길 수 있는 기회를 찾을 때까지 경제적으로 버틸 수 있을지가 미지수이다. 당장 눈앞이 깜깜한데 무턱대고 돌진할 수 있는 용기를 갖기란 너무나 힘들다. 아마도 인간의 본능이 그렇게 프로그램되어 있기 때문일지도 모르겠다.

만약 스스로 그만두고 장기간 수입이 없는 경우에 지난 날 나의 판단 미스를 두고두고 후회할지도 모르고, 주변에서 잘 다니던 직장을 그만 둔 나를 패배자로 보는 인식이 두렵기도 할 테다. 월급과 더불어 이러한 걱정들이 지금 다니는 직장에 매몰되게 만드는 원인이 되는 것이다.

테슬라 CEO 일론 머스크는 사업을 꾸리기 전에 망할 것을 염두에 두고는, 최소한의 생활을 유지하는 데 얼마만큼의 돈이 있어야 살아갈 수 있는지 계산해보았다고 한다. 그리고는 그 돈이 생각보다 많이 들지 않아서 사업을 진행하기로 결심하였다고 한다. 우리도 이와 같이 최소한의 생활을 유지하는 데 얼마만큼의 돈이 들지 계산해보는 것이 필요하다. 그러기 위한 전제로 소비를 상당히 줄이고 지출을 최소화해야 한다. 또한 갖고 있던 부채를 없애서 다달이 나가는 이자 비용을 축소해야한다. 물론 이게 말처럼 쉬운 일은 아니다. 하지만 이러한 노력들이 조금이라도 월급에 목매지 않는 방법이다. 이를 통해 우리는 마약 같은 월급에서 벗어나 새로운 도전을 생각해 볼 여지가 생긴다. 이제는 매달 받는 월급에 목이 묶여서 다른 데를 쳐다볼 수도 없는 상황을 벗어나도록 스스로 노력해야 하겠다. 이러한 노력이 없는 한 이미 단단하게 구축 된 굴레를 깨부수는 건 매우 힘든 일이다.

사라지는 경쟁력

회사생활을 몇 년 하다 보면 이 규칙적인 생활에 적응하여 점차 익숙해진다. 그러면 우물 안의 개구리처럼 정해진 틀 안에 갇혀 있기에 더 넓게 성장하는 것이 어렵다. 딱 회사생활에서 주어진 일만큼만 발전하고, 그 이상의 노력은 잘 하지 않는다. 그러고는 그것을 커리어로 삼아 정년까지 회사생활을 유지할 수 있을 것이라 예상한다. 하지만 이는 큰 오산이라는 것을 회사를 다니다보면 스스로 깨닫게 될 테다. 기업이 크면 클수록 우리가 하는 일은 엄청나게 세분화되어 있고, 그 업무 분장은 굉장히 명확하다. 그렇다는 것은 이직할 수 있는 회사의 범위도 점차 한정되어 간다는 뜻이다.

내가 맡은 일이 다른 회사에서도 많이 필요한 직무라고 한다면 다행이다. 하지만 반대의 경우를 생각해보자. 내가 하는 직무가 지금 다니는 회사에만 있고 다른 회사에는 잘 없는 특수 직무라고 한다면, 우리는 지금 다니는 회사에 올인할 수밖에 없다. 아무리 이 특수 직무로 성장해도 다른 데로 옮기거나, 새롭게 발전할 수 있는 영역이 없기 때문이다. 내가 이쪽에 속하는데, 회사에서 나름 세부 직무라 팀이 딱 하나만 꾸려져 있고, 다른 회사에서도 필요에 의해 소규모로 이 팀을 갖추고 있지만 그런 회사들이 몇 안 된다. 그러다 보니 이직도 쉽지 않고, 이 회사를 그만두면 내가 쌓아온 커리어는 그 순간 끝이 난다.

이렇게 세분화된 직무에 매몰되어 경쟁력이 사라지는 것이다. 그렇기에 쉽지는 않겠지만 우리는 지금 다니는 회사에서 팀을 옮겨가며, 여러 직무를 경험하고 커리어를 넓히는 것이 중요하다. 물론 수요가 풍부한 직무에 있다면, 그 직무를 깊게 파고드는 게 더 유리할 수 있다. 하지만 수요가 한정적인 직무로 커리어를 쌓고 있다면, 꼭 직무의 범위를 넓힐 수 있도록 하는 게 좋겠다.

회사에 매몰되어 경쟁력이 사라진다는 것은 스스로 배움을 포기한 것과 같다. 보통 이런 생각들을 많이 한다.

"20년을 넘게 공부하고 치열하게 경쟁해서 여기까지 왔으니까 이제 삶을 즐겨야지!"
"더 이상 내가 공부해서 뭐하나… 그렇다고 젊은 사람들 따라 갈 수 있는 것도 아니고…"

"애도 키워야 하니까 나가라고 할 때까지 그냥 버티는거지 뭐."

회사를 다니면 더 치열한 경쟁이 있다는 것을 인지해야 한다. 취업만 했다고 끝이 아닌 것이다. 회사에서의 경쟁을 포기하는 순간 그 때부터는 다른 이들에게 휘둘리기 쉬워진다. 반대로 지속적인 경쟁에도 불구하고 스스로 배움을 통해 경쟁력을 갖춰 놓으면 누구나가 함부로 대하기 힘들어질 것이다. 본인의 직무와 관련된 배움이든, 개인적인 배움이든 배움의 끈을 놓지 않고 스스로의 발전을 거듭하는 것만이 회사에서의 경쟁에 당당히 맞설 수 있다. 회사에 속해 있다고 안주하는 것만큼 자신의 삶을 위협하는 게 없는 것이다.

˚퇴사 보험

자동차를 살 때 사고가 날 것을 대비하여 우리는 자동차 보험을 든다. 일상생활에서도 심각한 병이 걸려 아팠을 때를 대비하여 암 또는 실비 보험, 심지어는 사망 보험까지도 든다. 그런데 우리 회사가 경제적인 상황에 따라 무너지는 상황이 생겼다면, 우리는 어떠한 대비를 하고 있는가? 월급이 몇 달 나오지 않거나, 심지어 젊은 나이에 권고사직을 받을 수도 있다. 즉, 우리의 생계가 직접적인 타격을 받을 위험이 있다는 것이다. 그렇다면 우리도 이런 위험에 처했을 때 보험이 필요하지 않을까? 그게 바로 퇴사 보험이다. 갑작스럽게 회사에서 퇴사 조치되거나, 스스로 퇴사가 필요할 때를 대비하여 보험과 같이 개인적인 대응 방안을 마련해 놓아야 한다는 뜻이다.

나도 실상 이러한 '퇴사 보험'을 적립한 지 얼마 안 되었기 때문에 회사에서 내 자리가 사라진다고 생각하면, 아직은 막막한 실정이다. 이것이 나의 마음속 퇴사 카드를 당당히 회사에 꺼낼 수 없는 이유가 된다. 이 글을 보는 직장인이라면 지금부터라도 하루에 몇 시간 정도 꾸준히 시간을 내어 나만의 퇴사 보험을 적립하도록 하자. 그게 재테크든 자격증 준비든, 부업이든, 사업 아이템 구상이든, 글쓰기든 무엇인지는 상관이 없다. 갑작스러운 퇴사에도 우리 생계가 위협받지 않도록 미리 준비하여 든든한 보험을 마련해 놓도록 하자.

회사를 다니고 적응하는 순간 새로운 도전은 위험 부담으로 기피하면서 점차적으로 지금 다니는 회사에 내 삶이 매몰되고 만다. 회사가 물론 정년까지 내 삶을 보장해준다거나, 내 커리어가 정년까지 먹고사는 데 지장이 없다면 문제될 게 없다. 다만 평생직장이라는 개념이 점차 사라지고 있는 시점에서 회사만 믿고 내 인생을 맡기기엔 삶이 불안하고, 사람이나 일이 맞지 않아서 내가 스스로 회사에서 버티기 어려운 상황에 놓인 직장인이라면, 한 번쯤은 '내가 왜 퇴사 카드를 당당히 내밀고 있지 못하는가?'를 생각하며 내 삶을 되돌아볼 필요가 있다.

내가 앞서 말한 '월급을 소비하는 습관, 커리어에 대한 경쟁력, 회사 외 개인적인 준비'에 대해 소홀한 부분도 있을 수 있겠고, 그 외에 본인만의 퇴사를 하지 못하는 이유들도 다양하게 있을 것이다. 지금은 입사와 동시에 퇴사를 준비하는 시대이다. 어떻게 보면 각박하지만 이 세상을 당당하게 살아가려면, 우리는 미리 회사를 다니면서도 '퇴사 보험'을 들어 놓을 필요가 있겠다.

직장인 10년차, 물경력임을 깨달은 순간

나는 한 회사에서만 직장생활을 쭉 해왔다. 그 경력이 어느새 10년. 시간이 어떻게 지나갔는지 모르겠다. 시간이 지나 돌이켜보니 누군가 내 10년의 세월을 알집ALZIP 파일 하나로 압축한 듯했다. 그래도 가장 기억에 남는 건 신입시절이다. 가장 긴장을 많이 하던 시절이었기 때문이다. 나는 신입사원이었을 때 패기 있고 당당하게 건배사를 외쳤었다.

"회사가 있어야 내가 있고, 회사가 발전해야 내가 성장한다!"

이러한 외침을 실천하듯 직장생활을 시작하고 몇 년은 정말 열심히 일했다. 사수에게서 한 번 배운 것을 까먹지 않으려고 수첩에 빼곡히 업무 절차를 적었고, 스스로 혼자 복습했었다. 1년에 수첩 두세 권은 거뜬히 써버렸다. 물론 야근도 밥 먹듯이 했다. 그땐 그게 당연한 듯했다. 치열하게 일했고, 그 대가로 나름 팀에서 인정을 받았다. 그리고 연차를 차곡차곡 쌓아 진급도 했다.

직장인 6년차쯤 되었을 때 사수가 다른 팀으로 가버렸다. 본인의 장기적인 꿈을 위해 옮긴 것이라 축하의 박수를 보냈다. 사수이자 멘토였던 사람, 직장생활하며 가장 의지했던 사람이 한순간에 없어지자 나는 당황했다. 이제 나에게 주어진 일에 대한 책임감이 배로 커졌다. 잠깐 우리 팀과 내가 하는 일을 소개하자면, 일반적이지 않은 특수 분야의 연구 조직이다.

그래서 다른 회사에는 이 직무가 없는 경우도 많고, 있다고 해도 내부적인 지원 업무의 성격이 강하다. 그중 내 업무는 더욱 세부적인 연구로 추려진다. 그러니 웬만해선 다른 팀으로 옮기기도 쉽지 않고, 더욱이 다른 회사의 이직 기회를 얻는 것은 하늘의 별따기다. 새삼 내 사수가 대단했다고 생각되었다. 나는 차츰 깨달아가고 있었다. 이렇게 일하다가는 이 회사에만 목메어한다는 사실을.

직장인 6년차가 넘어가는 순간 부랴부랴 이 물경력에서 탈피하고자 했다. 물경력이란 지금까지 직장생활에서 익힌 노하우와 경력이 사회적인 흐름 상 중요하지 않은 일이 되어 그동안 쌓은 역량을 펼치기 어려운 상태를 말한다. 나는 우선 고민했다. 물경력이지만 이 경력도 인정해주는 곳이 있을까? 이직 사이트에서 내 직무와 하나라도 비슷한 공고가 있으면 최대한 이력서를 내봐야겠다는 생각이 들었다. 지금 다니고 있는 회사에서 다른 팀으로 옮긴다는 것이 더 어렵게 느껴졌기 때문이다. 그렇게 2년 동안 15군데 정도 경력 이력서를 작성했다. 그중 14군데는 서류에서 탈락, 1군데는 면접에서 탈락.

큰일이었다. 어느 정도 알고 있었지만, 다른 회사로 이직하기 너무 힘든 직무였다. 그 순간 팀 내부에서도 해결책을 찾아야겠다는 다짐을 했다. 직장인 8년 차 때는 팀장님과의 면담을 할 때 장기적인 관점에서 직원의 역량 향상을 위해 팀 내부 업무 순환을 제도적으로 시행해야 한다고 주장했다. 조금 늦었지만 업무 스펙트럼을 넓혀 놓으면 이직 시장 등 다른 영역에서 기회를 최대한 많이 얻을 수 있을 것 같았다. 좁고 깊은 우물을 조금은 넓게 만들어 많은 물을 담겠다는 전략이었다. 팀장님 입장에서도 나쁜 제안이 아니었다.

사실 팀에 20여 명의 담당자들이 있는데 그들은 각자의 업무 영역이 세분화되어 아주 명확히 구분된다. 순환 배치를 하면 담당자들끼리 서로 경쟁도 되고 업무 공백이 생겼을 때 다른 사람으로 대체가 가능할 수 있을 것이었다. 팀을 관리하는 입장에서도 이슈가 있을 때 대안이 있는 것만큼 다행스러운 게 없다. 팀장님은 결국 나의 주장을 받아들여 제도적으로 업무를 확장할 수 있는 프로그램을 만드셨다. 이후 내 역량은 차츰 넓어질 수 있었다. 나는 어느 정도 역량을 넓힌 후 다시 이직 시장에 도전할 생각이었다. 이미 경력이 10년이 넘어 이직 시장에서의 몸값이 높지는 않지만, 빠른 시일 내 물경력을 탈출하여 직장생활을 한 단계 업그레이드 할 것이다.

직장인 10년차. 물경력임을 깨닫는 순간 회사만 믿고 있을 수는 없었다. 개인생활에서도 준비를 해야 했다. 이 회사가 어느 순간에 나를 내쳤을 때 생계를 유지할 무언가를 찾아야 했다. 내가 물경력이지만 직장생활을 하면서 얻은 핵심역량이 무엇이 있을까를 고민했다. 10년의 세월을 회상하다 보니 결론을 도출하는 데 시간이 꽤 걸렸다. 나의 핵심 역량은 '현상을 지속적으로 분석하고 이를 데이터화하여 논리적으로 정리하는 일'이었다. 이 직장에서 얻은 핵심 역량을 어떻게 개인생활에서 활용할 수 있을까? 우선 내 관심사에 적용해보기로 했다. 나는 운동을 꽤 오래 해왔고, 독서와 글쓰기에 흥미를 느끼고 있으니 이 분야에서 찾아보기로 했다.

- 운동과 식단을 통해 내 몸을 분석 혈압, 인바디 등 하고 이를 기록하여 나만의 깨달음을 공유하기
- 독서를 통해 얻은 정보를 기록하고 이를 조합하여 글쓰기를 통한 나만의 창작물 만들기

"오랜 시간 걸쳐 고민한 결과가 고작 이정도야?"라는 생각이 들 수도 있을 것이다. 이미 레드오션일수도 있다. 아마도 그럴 확률이 더 크다. 하지만 배트도 많이 휘둘러야 홈런을 치듯이 시행착오를 겪고 계속 도전하다 보면 부업으로 시작했던 일들이 나만의 색깔로 거듭날 수 있을 것이라 생각한다. 꾸준히 해나가는 것이 내 핵심역량이 되고, 도전에 실패하는 것 또한 내 스토리가 된다. 나는 기회가 왔을 때 아무것도 못하는 것이 진정 '인생의 물경력'이라고 본다. 직장생활을 통해 본인이 물경력이 되어가고 있음을 깨닫는다면 아마도 본인이 제일 잘 알 것이다, 좌절하지 말고 올바르게 방황하기를 바란다. 또 그 방황 속에서 자신만의 길을 찾아가길 소망한다.

직장인 10년차, '조용한 퇴직'을 꿈꾸다

직장생활을 10년 정도 했으면 본인이 회사에서 끝까지 성공할 수 있는지, 아니면 쉽게 교체될 부속품일 뿐인지 나의 위치가 가늠이 되기 시작한다. 나는 회사의 핵심 부서에 속해 있지도 않고, 우리 팀에는 나를 끌어 줄 임원조차 없다. 그저 난 지원 부서에 있으면서 회사 정책 상 이리 가라고 하면 이리 가고, 저리 가라고 하면 저리 가야만 하는 조직에 속해 있다. 매번 조직 변경이 있을 때마다 '우리 팀 없어지는 거 아냐?'라는 불안감과 걱정이 컸었다. '팀이 없어지면 난 어디로 가야 하지?'라는 고민도 더불어 했다. 회사가 위기라도 온다면 가장 먼저 정리해고될 대상이라는 생각이 드니, 갑자기 위기감이 확 몰려왔다. 이대로 그냥 머물러 있으면 안 되었다. 뭐라도 빨리 시작하여 대책을 강구해야 했다.

요즘 '조용한 퇴직Quiet Quitting'이라는 말이 해외 젊은층에서 이슈가 되고 있다. 직장에서 치열하게 업무성과를 내고 승진에 목매는 것보다는 회사생활은 적당히 주어진 일만 수동적으로 하며 개인생활에 더 집중하자는 의미이다. '일은 일이고 내 삶은 내 삶이다'라는 인식으로 회사업무와 개인의 성장을 따로 분리해서 생각한다는 개념이다. '조용한 퇴직'이라는 말의 의미가 워낙 넓어서 개인마다 이를 실천하는 방식은 굉장히 다양하다. 어찌 보면 이미 기존부터 알고 있던 '워라밸'이란 용어와도 일맥상통하는 부분이 있지만, 회사 일보단 개인 삶의 중요도가 커짐에 따라서 한 단계 더 나아간 개념이라는 평도 있다.

어찌 되었든 나는 선택을 해야 했다. 회사 지원부서에 있으면서 어떻게든 성공하고자 내 한몸 불사를 것인지, 아니면 받는 만큼 또는 남들에게 피해가 가지 않는 만큼만 일하고, 남은 시간은 새로운 역량을 개발하여 갑작스럽게 회사에서 권고사직을 받았을 때 능동적으로 대처할 것인지를 말이다. 아래와 같이 두 길을 적어놓고 곰곰이 확률을 따져보았다.

① 회사 지원부서에서 임원이 되어 정년퇴직하기
② 회사일은 적당히 하고 업무 외에서 개인 역량 찾기

①은 내 삶을 업무에 모두 매진하면서 뛰어난 업무 성과를 내야만 하지만, 지원 부서라 업무 성과가 뚜렷하지 않기에 임원은 고사하고 딱 하나 있는 팀장 자리도 꿰차기 힘들어 보였다. 다른 부서로의 전배도 생각할 수 있지만, 팀장이나 임원의 자리는 쳐다보기 힘들 것이었다. 임원은 신이 선택하는 자리라고, 내가 아무리 노력해도 획기적인 운이 따라주지 않는 한 거의 불가능해보였다. 만 60세까지가 정년이라곤 하지만, 선배들을 보니 50세 초반에 권고사직으로 자리에서 물러나고 있었다.

아무래도 ①은 확률 상 제로에 가까워 보였다. 회사의 꽃인 임원이 될 수 없다면 나는 그저 만년 부장인 상태로 회사가 내보낼 때까지 버텨야만 하는 것이다. 그러다가 회사에서 나오게 되면 그동안 쌓아온 경력으로 업무 환경이 열악하고 임금조차도 줄어든 상태로 지금보다 더 작은 회사에서 연명해야 할 것이다. 갑자기 앞이 깜깜해지기 시작했다.

그럼, ②의 삶은 어떨까? '회사 일은 적당히 한다'부터 정리해보자. 누가 보더라도 업무시간, 태도, 성과가 남들만큼의 평균은 확보해 놓아야 한다는 뜻이다. 고과 기준으로 보면 C는 받지 않고 A는 못 받더라도 B수준은 지속적으로 유지하는 것이다. 어차피 난 지원부서에 소속되어 있기 때문에 업무 난이도도 높지 않고, 야근도 거의 없기에 내가 효율적으로만 일한다면, 주변에서 말 안 나올 정도로는 쉽게 해낼 수 있다는 판단이 들었다. 이것이 그나마 지원부서의 장점이라고 볼 수 있다. 그만큼 10년차 정도 되니 업무 능숙도는 충분히 올라와 있는 상태였다. 다음이 문제다. '업무 외에서 개인 역량 찾기'이다. 회사를 다음 날부터 바로 그만두어도 노후까지 먹고 살 수 있는 능력이 나에게 있냐는 의미이다. 여기서 두 번째로 앞이 깜깜했다.

회사에서 배운 업무로 중소기업에 가서 지금 받는 연봉이나 보전될 수 있다면 다행이지, 새롭게 무언가를 해보겠다는 생각을 전혀 해보지 않았던 것이다. 그나마 재테크붐이 일어났을 때 남들처럼 책이나 유튜브로 공부해 놓은 주식 전략, 부동산 투자를 써먹으면 다행인데, 지금 그런 투자시장도 만만치 않은 상황이다. 이와 같이 ②을 선택하기에도 꽤나 어려운 길이라고 생각했지만, ①과는 다르게 ②는 내 노력 여하에 따라서 성공과 실패가 결정될 것 같았다. 그래서 난 결국 ②의 길, 즉 '조용한 퇴직'을 꿈꾸게 되었다.

'조용한 퇴직'을 꿈꾸고 나서 나는 다양한 일들을 시도하며 나만의 길을 찾고 있다. 우선 지금까진 회사 일에만 목매어 있었기 때문에, 조용한 퇴직이 눈에 띄지 않도록 업무량을 조정하고, 수동적 업무 스타일로 전환하였다. 아마도 지원 부서이기에 가능했던 일이지만, 어느 날 가까운 팀 선배가 "혹시 너 이직 준비해?"라고 말하길래 속으로 깜짝 놀란 적이 있다. 순차적으로 조금씩 준비하고 있다고 생각했는데, 아무래도 가까운 사이라 티가 좀 났나 보다. "내가 갈 데가 어디 있다고 그런 소리를 하십니까? 그냥 주식시장이 요새 안 좋아서 그래요."라고 둘러댔다. 회사 일을 어느 정도 조정을 하니, 자투리 시간이 확보되었다. 그리고 위기감을 느끼니 출퇴근 시간을 활용하게 되었고, 수면시간도 좀 더 줄이게 되었다. 그래도 최소 6시간은 자려고 노력했다.

그렇게 만들어진 시간에 나는 제일 먼저 독서를 하였다. 자기 계발서와 경제서적을 주로 읽었고, 이따금 소설책도 읽었다. 그러면서 나를 파악하고 나만의 길을 찾기 위해 무엇을 해야 하는지 꽤 많은 시간 고민했다. 아직 가시적인 성과는 나지 않았지만, 책을 읽고 내린 결론은 생산자로서 활동하고 이를 통해 수익을 창출하는 것이었다. 어찌 보면 뻔한데 난 유튜브나 블로그로 수익을 내고자 하는 건 아니었다. 나의 색깔이 아니었고, 나의 길이 아니라는 걸 책을 읽고 깨달았기 때문이다. 그렇다고 갑자기 예술작품을 만들거나, 작곡으로 음원 수익을 얻을 수 있는 것도 아니었다. 지금도 꾸준히 쓰고 있지만, 난 결국 글을 쓰기로 결정하였고, 내 이름으로 된 책도 출판해보기로 마음먹었다. 이게 내가 생산자로서 처음으로 해보고자 하는 나만의 길이었다.

직장생활을 10년 하면서 깨달은 것이 있다. 회사는 나를 평생 먹여 살리지 않는다는 사실이다. 마치 자동차 엔진처럼 잘 굴러가고 힘 있을 때는 문제가 생겨도 수리하면서 사용하지만, 기능이 구식이 되어버리거나 수리비가 더 많이 나오는 시점에서는 엔진 자체를 교환해 버리는 것과 같다. 아니면 요즘 나온 삐까 번쩍한 신차를 구매하는 방법도 있겠다. 내가 이 회사에서 정년까지 승승장구하며 다닐 수 있다는 확신이 있다면, 지금까지 내가 쓴 글은 무시해도 된다. 그분들은 그들만의 길이 분명하게 있고, 그 길도 아무나 갈 수 있는 것은 아니기 때문이다. 하지만 회사 자체가 불안하고, 내 앞 길을 회사만 달랑 믿고 가기엔 위험 부담이 크다고 판단된다면, 하루빨리 나와 함께 '조용한 퇴직'에 동참하길 바란다.

'조용한 퇴직'을 위한 단계별 실천전략

최근 나는 팀을 옮겼다. 한 회사에서 신입사원 때 한 번, 10년만에 두 번째 팀을 옮기게 된 것이다. 그럼에도 나는 조용한 퇴직을 꿈꾸고 있다. 그렇다면 실질적으로 우리는 회사에서 '조용한 퇴직'을 위해 무엇을 할 수 있을까? 조용한 퇴직의 의미가 워낙 광범위하기에 해외에서는 다양한 방식으로 이를 실천하고 있다. 주변에 말하지 않고 퇴사를 하는 정말 조용하게 퇴직하는 경우도 있고, 일을 최소한으로 줄이고 개인적인 활동을 늘리는 '워라밸' 관점에서 접근하는 경우도 있다.

또한 최근에 국내에서도 업무시간 외에 업무 관련한 전화, 문자, SNS 메시지를 보내지 못하도록 하는 이른바 '업무 카톡

금지법'이 발의되었다고 하는데, 업무시간 외에는 일절 업무 관련된 연락을 스스로 차단하는 행위도 조용한 퇴직에 동참하는 방법이다. 어쨌든 회사생활을 하는 동안에도 개인의 삶이 우선하도록 행동하는 모든 것들이 조용한 퇴직을 위한 활동이라는 것이다. 나는 이를 조금 더 구체화하기 위해 '조용한 퇴직'을 위한 단계별 실질적인 전략들을 제안해보도록 하겠다.

회사일은 평균만

조용한 퇴직을 위해서는 지금 하고 있는 업무의 양을 스스로 점검해볼 필요가 있다. 같은 팀의 다른 팀원들보다 객관적으로 나의 업무량이 많은지 적은지 체크해보는 것이다. 직책에 따른 업무 난이도도 따져보도록 한다. 물론 본인 일이 가장 힘들고 어렵겠지만, 다른 동료의 업무에 관심을 기울이다보면 나의 위치가 가늠이 될 수 있을 것이다. 다른 팀원들보다 업무량이 적다면, 우리는 업무에 있어서는 불만 없이 그대로만 유지하면 된다.

하지만 업무량이 많다고 한다면 적극적으로 조정에 나서야한다. 팀장에게 업무 분장에 관해 면담을 요청한다든가, 신입이나 계약직 채용을 요청하여 점차적으로 본인의 업무량을 줄여나갈 필요가 있다. 일을 많이 처리하고 담당하는 업무가 많다고 하여 회사에서 인정받는 것은 우리의 목표가 아니다. 물론 회사에 모든 노력을 쏟아 해당 업무영역에서 전문가로 불리는 방법도 있지만, 그래봤자 직장인으로서의 수명은 늘릴 수 있겠으나 쏟은 노력만큼의 혜택을 받는 것은 운이 따라야 한다.

반대로 이렇게 내 삶을 회사에 바쳤는데도 별다른 변화도 없이 하루아침에 잘려나가는 목숨이라면, 차라리 우리는 회사에서 적당히 오래만 다닐 수 있는 정도면 충분하다는 것이다. 그래서 일을 많이 하는 것으로 인정받아서 승진이나 보너스로 보상받아야겠다는 그런 불확실한 다짐은 애초에 생각하지도 말아야 하겠다. 회사에서는 있는 듯 없는 듯 남들이 하는 딱 그만큼만 하겠다는 다짐이 필요하다. 그리고 이를 위한 실질적인 노력들을 해나가야 하겠다.

앞서 얘기한 업무량을 평균으로 맞추기 외에도 아이디어나 기획안을 최소한으로만 내서 그 일이 내 업무가 되지 않도록 방어하기, 팀에서 나눈 나의 업무 분장 외의 잡일은 쳐다보지도 않고, 만약 잡 일을 나에게 떠 넘기려고 한다면, 적극적으로 차단하기 등을 통해 회사업무는 절대적으로 다른 팀원만큼의 평균만 하겠다는 마음가짐을 갖고 실천해야 한다. 그래야 우리는 나머지 시간에 '조용한 퇴직'을 위한 개인적 활동의 시간을 확보할 수 있다.

업무와 거리두기

우리가 평균적인 업무만 하겠다고 다짐했다면, 그다음에는 점차적으로 업무와 거리두기 활동을 해야 한다. 회사와 개인의 삶을 분리한다는 의미이다. 회사 일은 최대한 회사 업무시간에만 처리한다. 업무시간이 끝나는 순간 회사에 대한 생각은 단 1초도 하지 않도록 노력해야 한다. 그러기 위해서는 업무시간에 효율적으로 집중하여 일할 수 있도록 해야 한다. 우리의 목표는 회사 일을 대충 처리하거나 맡은 일을 하지 않는 것이 아니라, 정해진 시간에 내 일만큼은 확실하게 처리하는 것이다.

업무시간이 끝나도 회사 내의 인간관계에 대한 고민들, 남아 있는 업무에 대한 고민들, 업무시간 외에 오는 업무 관련 메일과 연락들에 집착하는 경우가 생기는데, 이를 점차 내려놓아야 한다. 만약 떨쳐내기 힘들다고 한다면, 업무시간에 고민할 것들에 대해 간략히 목록을 작성하고, 다음 날 업무시간이 시작되면 그 목록부터 펼쳐서 최대한 업무시간 내에 해결하려고 해보자. 그렇게만 하더라도 업무시간 외의 시간을 우리는 개인만을 위한 시간으로 충분히 활용할 수 있을 것이다. 업무와 너무 친해질 필요 없다. 우리가 조용한 퇴직을 선택했다면, 우리는 코로나로 인한 거리두기를 했듯이 퇴근 후에는 회사 업무와도 거리두기를 적극적으로 실천해 나갈 필요가 있겠다.

개인 역량 확보

　업무량을 평균으로 맞추고, 회사와 개인의 삶을 분리하기 시작했다면 그다음으로 우리는 개인의 역량 확보에 중점을 둘 필요가 있다. 회사에 쏟는 시간과 열정이 줄어든 만큼 개인의 삶에서 그 시간과 열정을 투자해야 한다. 왜냐하면 우리의 목표는 '회사에서 있는 듯 없는 듯 오래 다니기'이지만, 어느 순간 회사가 우리의 조용한 퇴직을 눈치채고 갑작스레 진짜 퇴직을 요구할 수도 있기 때문이다. 그렇기에 '조용한 퇴직'을 실천하기로 마음먹었다면, 우린 개인의 삶에서 역량을 키워나가 이를 통해 수익을 창출하겠다는 생각도 하고 있어야 한다. 그래야 생존을 위협받지 않은 상태로 오래 이 전략을 유지할 수 있을 것이다.

　그렇다면 개인의 역량을 확보하기 위해선 무엇을 해야 할까? 아마도 본인이 제일 잘 알고 있을 테지만, 가장 쉽게는 회사 업무 외에 본인이 꾸준히 하고 있는 개인적 활동에서 답을 찾을 필요가 있겠다. 예를 들어 퇴근 후에 헬스를 7년 동안 꾸준히 하고 있다고 한다면, 헬스와 관련된 분야로 개인의 역량을 점차 늘려야 한다. 회사에서 아껴놓은 시간과 열정을 여기서 발휘해야 한다는 뜻이다. 좀 더 전문적인 개인 역량으로 끌어올리기 위해선, 생활 체육 지도자 자격증, 피트니스 대회 입상, 체형 교정 및 관리 등에서 자신의 프로필을 적극적으로 채

워나갈 필요가 있다. 이러한 준비가 나중에 회사라는 영역이 내 삶에서 사라진다고 하더라도, 우린 방황하지 않고 발 빠르게 내 삶을 지속적으로 나아가게 할 나침반이 되어 줄 것이다.

지금까지 '조용한 퇴직'을 위해 우리가 단계별로 실천해야 할 전략들을 살펴보았다. 아마 조용한 퇴직을 좀 더 쉽게 생각한 사람도 분명 있을 테지만, 나는 우리가 우리의 삶에서 회사라는 영역을 줄이는 만큼, 개인의 영역을 키워 나가는 노력이 필요하다고 생각한다. 그래야만 우리는 우리가 원하는 삶의 가치를 지속적으로 영위해 갈 수 있을 것이다. 실제로 회사를 갑자기 그만두게 되면 생존을 위협받을 수밖에 없는 사람들이 대다수이기 때문에, 이런 '조용한 퇴직'을 실천하는 데 있어 가장 큰 방해물이 생존 문제가 된다. 이 생존의 문제를 개인 역량으로 해결할 수 있도록 점차적으로 준비를 해나가야만, 우리는 진정한 '조용한 퇴직'을 할 수 있다고 생각한다.

5장

결국 직장인이지만,
괜찮아!

직장인으로서 나의 일주일 동안의 심리상태 파악하기

최근 회사생활 15년차인 선배가 회사를 그만 두었다. 몸이 아프다는 건 알고 있었지만, 이렇게 순식간에 그만둘 정도는 아니었었다. 그는 회사생활을 하는 동안에 스트레스를 많이 받는 듯 했다. 회사에서 욕을 달고 살았고, 화를 주체하지 못해서 들고 있던 전화기나 펜을 책상에 집어 던지는 모습도 꽤 많이 봤었다. 개인생활이 여유가 있음에도 불구하고 회사만 오면 과도한 스트레스를 받는 모양이었다. 그러더니 회사생활을 하며 병을 얻게 되었고, 치료의 명목으로 결국 회사를 그만두게 된 것이다. 언뜻 듣기로는 병이 심각한 건 아닌데 도저히 회사생활이 본인과 맞지 않아 새로운 길을 찾아보려 한다고 했다.

회사생활을 하면 정신적인 스트레스를 스스로 관리할 수 있어야 한다. 스트레스는 만병의 근원이므로 회사생활이 길어질수록 몸이 점차 아파오기 때문이다. 따라서 우리는 스트레스의 원인이 어디서 오는 건지 파악할 필요가 있다. 나 또한 회사생활을 하다 보면 유독 스트레스에 취약한 날들이 있는데, 이럴 때는 운동을 하거나 맛있는 음식과 함께 술을 마시면서 쌓여 있는 피로감을 푼다. 일주일 동안 나의 회사생활 속에서의 심리상태를 점검하여, 정신적으로 압박이 심한 날에는 개인적인 '쉼의 시간'을 가질 필요가 있다는 생각이 들었다. 지금부터는 내 개인적인 회사생활에서의 일주일 동안의 심리상태를 살펴보도록 하겠다.

월요일의 심리상태

주말 동안의 불규칙한 생활로 인해 갑작스레 일찍 일어나는 것이 살짝 부담스럽다. '좀만 더 일찍 잘 걸' 하는 후회도 해보지만, 이미 그러기에는 월요일 아침의 해가 너무나 밝다. 또한 '앞으로 금요일까지 어떻게 버텨야 하나'라는 막연한 두려움도 슬슬 찾아온다. 하지만 어쨌든 생계를 유지해야 하기 때문에 몸을 일으켜본다. 월요일 아침 출근길은 항상 사람이 많다. 분주히 돌아가기 시작한 사회적 굴레에 내 몸을 맡겨야만 한다. 회사에 도착하니 지난주에 미뤄둔 일이 쌓여 있다.

앞으로 금요일까지 일할 시간이 많기에, 하나씩 중요한 순서부터 처리 할 업무 목록을 작성한다. 막상 회사에 오니 주말 동안의 육아에서 벗어난 해방감과 그래도 내가 직장인이었다는 정체성을 새로이 느끼며, 갑작스레 의욕도 생기는 듯하다. 또한 회사동료들과 커피를 마시며 주말 동안에 있었던 소소한 이야기들에 대해 잡담을 나누다 보니, 육아 스트레스가 풀리는 동시에 사회적 소속감이 가득 충전된다, 회사생활이 나름 나쁘지 않다는 생각도 잠깐 해보면서 쌓인 일을 하나씩 처리해 본다.

● 화요일의 심리상태

월요일에 목록을 작성하고 어느 정도 중요한 일들을 처리했지만, 아직 일은 쌓여 있다. 주말 동안 까먹고 있었던 회사 분위기도 이제 적응이 되어가고 있으니, 오늘은 업무에 박차를 가해본다. 화요일 정도면 모두들 회사에 적응하여 일하는 느낌의 분위기이므로 협업하기 좋다. 필요한 자료나 정보들을 관련 부서에 전화나 메일로 요청하고, 고객이나 협력업체들에게 전화를 돌려 함께 진행하고 있는 프로젝트의 현황을 점검한다.

아마도 나는 화요일이 전화를 가장 많이 하는 날인 듯싶다. 이렇게 일을 좀 하다 보니 회사생활 스트레스가 조금씩 쌓여간다. 의욕은 남아 있지만 일이 잘 안 풀리기도 하거니와, 사람들을 상대하다 보니 관계에서 오는 괴리감도 느껴지기 때문이다. 그래도 화요일은 가장 프로페셔널하게 일할 수 있는 날로 여겨 진다. 이 정도의 업무 수준을 일주일 동안 유지한다면, 꽤나 성 공한 직장인이 될 수 있을 테지만, 결코 쉽지 않다는 것을 본능 적으로 안다.

수요일의 심리상태

나는 개인적으로 주 4일제를 한다면, 수요일을 쉬어야겠다 는 생각이 크다. 그만큼 스트레스가 가장 큰 날이라고 할 수 있 겠다. 아직 주말이 오려면 멀었고, 월요일과 화요일의 스트레 스를 이어받아 지속적으로 쌓여 있기 때문이다. 일은 또 왜 이 렇게 많은지 끝이 보이지 않는다. 회사동료들이 나를 괴롭히는 것 같고, 귀찮은 모기처럼 주변에서 앵앵댄다. 오늘만큼은 무 사히 하루가 지나갔으면 하고 바라본다. 이제 생각 없이 일해 도 어느 정도 일처리는 능숙하게 해낸다. 마치 내가 일하는 로 봇이 된 것 같다. 거울을 보니 표정이 없어졌다. 진짜 로봇인가 보다.

아마도 이 날이 서무실 자리 한 쪽에 걸려 있는 가족사진을 가장 많이 보는 날이 아닌가 싶다. 빨리 일을 끝내고 오늘 저녁 은 가족들과 치맥을 즐겨야겠다는 생각으로 하루를 달래 본다. 그나마 다행인 건 수요일에는 회사에서 가정의 날로 인식하여 빠른 퇴근을 종용한다는 것이다. 그럼에도 불구하고 수요일까지 야근을 하게 된다면, 피로와 스트레스는 주말까지 이어질 가능성이 크다.

목요일의 심리상태

수요일 저녁에 스트레스를 살짝 풀기도 했고, 이제 회사생활의 스트레스는 하향 곡선을 맞이하는 날이다. 수요일 퇴근 후 어느 정도 스트레스를 풀어내지 못했다면, 목요일이라도 조금 일찍 퇴근해보도록 하자. 스트레스는 누가 관리해주지 않는다. 본인이 스스로 내 몸과 마음의 컨디션을 돌봐야 한다. 목요일쯤 되면 주말이 점차 눈에 아른거리기 시작한다. 회사동료들과 커피를 마시며 주말 계획에 대해서 얘기를 나눈다.

희망이 생기니 일도 쉬이 잘 된다. 나에겐 목요일이 일의 능률이 가장 높다고 볼 수 있다. 물들어 올 때 노를 저어야 한다. 오늘 가장 많은 일처리를 해내었다. 내가 드디어 오늘은 누가보더라도 프로페셔널한 직장인의 모습이라는 생각이 들며 뿌듯한 마음까지도 든다. 이따금 빨리 내일이 왔으면 하는 바람도 가져본다.

금요일의 심리상태

드디어 '불금'이다. 사실 삼십 대 중반쯤 되면 불금이라고 어디 번화가에서 내 젊음을 불태우진 않지만, 그래도 심리적으로 들뜬 기분이 든다. 어떻게 보면 주말보다 금요일이 나에겐 더욱 활기찬 심리상태를 갖는다. 육체는 규칙적인 생활로 인한 피로감이 쌓여 있지만, 정신적으로는 무척 상쾌하다. 주말을 맞이했단 사실만으로도 남아 있던 스트레스가 훌훌 날아간 것 같은 기분이 든다. 회사 일은 하긴 하는데 날림이다.

어차피 다음 주의 내가 할 일이므로 살짝 미뤄둔다. 직장동료들과 오늘 저녁의 계획과 주말 계획을 구체적으로 논의한다. 일할 때보다 더욱 진지하다. 계획을 얘기하다 보니 아이와 또 주말 내내 무엇을 하며 씨름을 해야 할지 조금 걱정이 앞선다. 주말이 늦게 왔으면 좋겠다는 마음도 살짝 드는 이상한 심리상태가 되어 버렸다. 그래도 금요일만큼은 퇴근 후에 정신이 피곤한 육체를 지배하여 새로운 활동들을 해보려는 마음이 들기도 한다. 하지만 집에서 저녁 먹고 별일 없이 보낸다면 어김없이 이른 시간에 잠이 들고 만다. 금요일에 아무것도 하지 않고 주말을 맞이하는 게 썩 좋지만은 않다. 그래서 난 금요일 퇴근 후 계획이 무척이나 중요하다고 생각한다.

토요일의 심리상태

규칙적인 생활을 하다가 드디어 늦잠을 잘 수 있다. 평소보다 늘어지게 2~3시간 정도 더 자야겠다는 마음으로 자동적으로 평일 패턴에 맞춰 떠진 눈을 다시 감아본다. 벌써 두 시간이 흘렀나. 핸드폰 알람은 껐는데도 알람 소리가 들린다. 아이의 우렁차고 개운한 목소리다. "아빠, 아침! 해님! 일어나! 배고파!" 말을 문장으로 말하지 못하는 아이가 나와 소통하려고 소리를 지르는 것이 기특하다. 시계를 잠깐 보니 평소 회사 출근할 때보다 그나마 1시간은 더 잤다는 위로를 해본다.

오늘은 좀 의욕적으로 아이와 놀아줘야겠다는 생각이다. 평일 동안 일에 치이느라 제대로 못 놀아준 게 살짝 미안했기 때문이다. 하지만 체력으로 아이를 이길 수 없다. 나는 금방 나가떨어지는데, 아이는 아직도 힘이 넘친다. 평일보다 육체적으로 지치는 날이 오늘이지만, 정신적으로는 행복감을 느낀다. 가족과 함께하는 이 행복한 시간을 위해 내가 평일에 그렇게 고생을 하고 있는 것이었다.

일요일의 심리상태

오지 말아야 할 날이 왔다. 눈 깜짝할 사이에 주말의 끝이 오고야 만 것이다. 토요일의 일상 패턴과 다르지는 않지만, 육아로 인한 육체적 피로감은 더욱 쌓여가고 정신적으로는 여유가 점차 없어지기 시작한다. 오늘은 좀 자본주의에게 아이를 맡겨본다. 키즈카페나 동물 체험 등 크게 놀아주지 않아도 아이가 스스로 혼자 놀 수 있는 곳으로 간다. 아이는 놀다 말고 아빠도 같이 오라고 부르지만, 살짝 모른 척하기도 한다. 마치 회사에서 팀장님이 '엑셀 좀 하는 사람?'이라고 물었을 때와 비슷한 상황이다.

그렇게 나는 몸과 마음을 스스로 다스린다. 그렇지 않으면 다가오는 월요일이 굉장히 힘들어질 거라는 것을 알기 때문이다. 해가 지고 저녁 먹을 때쯤 되면 해방감과 우울감이 동시에 찾아온다. 해방감은 아이에게서 오는 것일 테고, 우울감은 미뤄둔 일에서 오는 것일 테다. 이런 복잡 미묘한 감정으로 주말 밤이 끝나지 않기를 바라지만, 다음 날 출근 길이 무거워지지 않으려면 빨리 잠에 들어야만 한다.

나의 일주일의 심리상태가 물론 정답은 아니다. 다른 사람들은 그들만의 생활 패턴이 있기에 그에 따라 심리상태가 달라지겠지만, 일반적인 회사생활을 하는 직장인이라면 나와 크게 다르지 않을 수도 있을 것이다. 어쨌든 우린 짧게 일주일이라는 기간 동안의 본인들 스스로의 심리상태를 파악하여, 이를 전략적으로 활용해보면 좋겠다. 나 같은 경우엔 스트레스가 극심한 수요일에는 저녁에 스트레스를 풀어주는 활동을 겸한다거나, 일의 능률이 가장 높은 목요일에 가장 중요하고 많은 일을 분배한다거나, 몸은 지치지만 정신은 상쾌한 금요일에는 회사생활의 인간관계를 더욱 돈독히 한다거나 하는 식이다. 이렇게 본인의 일주일 동안의 심리상태를 점검하여, 좀 더 몸과 마음이 건강한 회사생활을 할 수 있도록 노력해보자!

한 회사를
오래 다니는 법

한 직장을 10년 넘게 다니고 있으니까 요즘 아버지 세대를 보면서 드는 생각이 있다.

'어떻게 한 회사에서만 20, 30년을 다니시고 정년퇴직까지 할 수 있었을까? 난 고작 10년을 다녔는데도 벌써 지겨운데…'

아마 누군가가 나를 보더라도 '어떻게 한 회사에서 10년이나 다닐 수 있지?'라고 궁금해 할 수도 있겠다. 나는 그냥 다니다 보니 세월이 여기까지 멱살 잡고 끌고 온 것이라고 막연한 생각만 했지만, 곰곰이 다시 생각해보니 내가 왜 10년 동안 한 회사에 정착하고 있는지 그 이유를 조금 알 수 있었다. 작년까지만 해도 사회적 분위기가 '대이직 시대', '개발자', '파이어족' 등이 직장과 관련된 핵심 용어들이었다.

한 문장으로 관통해보면, "아직도 이직/퇴사 안 하고 뭐 하고 있어?!"라고 정리해볼 수 있겠다. 그러다가 이번 연도에는 분위기가 완전히 반전되었다. 생각해보면 주식, 부동산만 사이클이 있는 게 아니라, 회사생활도 사이클이 있는 듯싶다. 그래서 최근 분위기에 편승하여 한 회사에서 오래 버티는 전략에 대해 정리해보도록 하겠다.

뜨뜨 미지근한 관계

한 회사에서 오래 버티기 위해 먼저 회사 내 인간관계를 좀 살펴볼 필요가 있다. 회사를 어느 정도 다니다 보면 나와 친한 무리가 생기고, 좀 배척하게 되는 무리가 생긴다. 전문 용어로 '라인' 또는 '줄'이라고 하는데, 어느 조직을 가나 이러한 편 가르기는 다 있는 듯싶다. 나라도 쉽게 분열되는데, 회사라는 작은 조직도 분열이 안 되기는 어려운 상황인 것이다. 내가 잡고 있는 줄이 나를 천국으로 데려갈 황금 동아줄이라면 다행이지만, 썩은 동아줄이라면 회사생활을 오래 유지하기 어렵다. 왜냐하면 실적을 쌓기 위한 기회조차도 사람을 통해 주어지기 때문이다.

물론 스스로 어느 정도 실력이 쌓여 있다면, 특정 무리에 편입되는 것은 더욱 수월해진다. 연차가 쌓이고 위로 올라갈수록 이런 현상이 더욱 심해지는데, 결국 라인을 잘 타고 가는 사람이 승승장구한다. 그럼 결론적으로 줄을 잘 서야 한다는 건데, 문제는 그게 내가 노력한다고 해서 쉽게 되는 것도 아니고, 하루아침에 동아줄의 색깔이 왔다 갔다 하기 때문에 특별한 전략을 취하기도 어렵다. 그냥 놀이동산에서 줄 서듯 차례대로 한 명씩 줄 서는 게 아니란 얘기다. 그렇다면 우리는 '그레이 존'을 선택하는 것도 회사를 오래 다니는 하나의 전략이 될 수 있다. 그레이 존이란, 한 쪽 무리에만 치우치지 않고, 전반적으로 두루두루 가깝고도 먼 관계의 거리를 유지하는 사람들이 모인 곳이다. 회사 동료가 지나가면서 나를 보며 묻는다.

"너 쟤랑 친해? 잘 알아?"
"아, 뭐… 막 엄청 친한 건 아닌데, 그래도 가끔씩 따로 커피는 마셔."

주변에서 본인을 보고 이렇게 말하는 사람들이 많아진다면, 그레이 존에 입성한 것이라고 봐도 되겠다. 이 그레이 존 사람들은 회사생활에 있어 관계에 대한 스트레스가 적기도 하거니와, 대박 아니면 쪽박 사이에서 불안한 줄다리기를 할 필요도 없다. 그렇기에 이러한 방식의 관계 유지가 회사를 오래 다니는 데 있어, 더 유리한 전략이 되어주는 것이다.

조용히 실적 내기

회사에서 상사들은 어떤 직원을 가장 좋아할까? 본인의 더 윗사람에게 어필할 수 있는 실적과 성과를 물고 오는 사람을 가장 좋아할 것이다. 일만 잘하고 쭉쭉 실적을 뽑아내는 사람이라면, 굳이 힘들게 아첨하지 않아도 상관이 없다. 물론 사람마다 어느 것이 더 쉬운 일인지는 따져봐야 할 것이다, 앞서 인간관계에서 어느 정도 거리감을 두었다면, 관계를 유지하는 데 시간과 노력을 허비하지 않아도 된다. 조용히 실적 내는 것에만 집중해도 무리가 없다는 뜻이다.

성과와 인간관계를 둘 다 챙기면 가장 좋겠지만, 그렇게 하기에는 회사에 많은 에너지를 쏟아야 한다. 어정쩡하게 이 둘을 다 챙기다가는 가랑이가 찢어질 수도 있을 테다. 그렇기에 우선 자신이 그 정도로 부지런하고 회사에 많은 에너지를 분출할 수 있을 만한 여력이 있는지 따져보아야만 하겠다. 만약 그렇지 못하다면 둘 중 하나에만 집중해보는 것이 좋겠다. 인간관계에만 집중하고 업무에 소홀히 하면, 보통 이런 말을 많이 듣게 된다.

"저 사람은 사람은 좋은데, 영 쓸모가 없어…"

이런 말을 들을 바에야 인간관계를 포기해서 확보한 시간을 본인의 실적을 올리는 데 사용하도록 하자, 회사도 성과를 잘 내고 있는 사람을 한순간에 쉽게 내치기는 힘들 것이다. 나름대로 근거와 사유를 갖고 인력을 관리하므로, 아무 탈 없이 꾸준히 실적을 내고 있다면 정리해고 대상에서 벗어날 가능성이 높다. 단지 성과를 냈다고 해서 이곳저곳에 떠벌리고 다니지만 않으면 된다. 그 성과를 쪼개가려는 하이에나와 그 성과를 시기, 질투하는 늑대들이 주변에 도사리고 있기 때문이다. 언제든 본인의 실적이 좀 저조해지면 바로 물어뜯을 수 있다. 따라서 회사를 오래 다니기 위해서는 먹을 게 있으면 조용히 구석에서 혼자 맛있게 먹으면 되겠다.

스스로 목줄 채우기

우리가 한 회사를 오래 다니지 못하는 이유를 살펴보면 커리어 향상, 연봉 상승, 워라밸, 인간관계 등의 다양한 요인들이 있다. 한 회사를 오래 다니려면 이것들보다 우선할 수 있는 강제적 요인을 만들면 된다. 바로 다달이 빠져나가는 이자와 카드값 같은 것들이다. 이것만큼 스스로 강력한 목줄을 채우는 게 없다. 한, 두 달이라도 월급을 못 받으면 감당하기 어려운 빚이 점차 눈덩이처럼 불어난다. 따라서 여유롭게 퇴사하고 이직 준비를 한다거나, 워라밸 또는 인간관계를 따질 여력이 없어진다. 그저 한 달 월급으로 이자 내고, 카드값 내고, 생활비 하기도 빠듯하다. 이렇게 월급에 목이 매어 회사를 다니다 보면, 어느새 10년이란 세월이 훌쩍 지나가 버린다.

과거의 내 얘기를 쓰는 것 같아서 뜨끔하지만, 이런 방식으로도 회사를 오래 버틸 수 있다는 것을 얘기하고 싶었다. 내가 한 회사에 정착하는 데 있어 의지가 부족하다거나 자꾸 철새처럼 이곳저곳으로 이직하고 싶은 마음을 다잡고 싶다면, 이런 강제적 방법을 동원해보는 것도 한 방법이 될 수 있을 것이다. 왜냐하면 아버지 세대에 대출을 받아 부동산을 산 사람들 중 이런 과정을 거쳐 결국 안정적인 삶을 누리게 된 경우도 꽤 있기 때문이다. 물론 소위 영끌이라고 말하는 무리한 대출이 아니라, 감당 가능한 수준이어야 하겠다. 그리고 꼭 대출을 통한 빚과 이자가 아니라, 적금을 강하게 들어서 강제적인 저축으로 매달 돈이 빠져나가게 하는 것도 좋은 전략 중 하나다.

결국 한 회사에서 오래 다니는 방법은 관계적 중립, 꾸준한 실적 그리고 강제성 부여로 정리해볼 수 있다. 이 중에서 능동적으로 오래 다니는 방법 순으로 나열해보면 '꾸준한 실적'이 가장 우선한다. 사실 가장 어렵기도 한 방법이지만, 잘 풀린다면 회사에서 팀장이나 임원과 같은 고위 직책도 노려볼 수 있다. 그 다음은 '관계적 중립'인데, 이는 말 그대로 뜨뜨 미지근하게 오래 버티는 전략이다.

너무나 능동적이지도 또는 반대로 너무나 수동적이지도 않은 상태로 자리를 보전하기 위함이다. 가장 수동적인 방법은 역시나 '강제성 부여'가 되겠다. 억지로 끌려 다니게 되는 부작용이 있지만, 긍정적인 방향으로 생각해본다면 어느 정도의 강제성이 어떠한 일을 하는 데 있어서 꾸준함을 부여해주기도 한다. 어찌 되었든 내가 이런 저런 이유로 지금 다니는 회사에 정착하고 싶다면, 나의 회사생활 몰입도에 따라 나에게 맞는 전략을 잘 세워볼 필요가 있겠다.

회사 몰래 하는 귀여운 일탈 행위들

　회사를 착실하게 몇 년 다니다 보면 가끔은 지겹고 지루할 때가 있다. 매일 똑같이 반복되는 직장생활속에서 좀 더 활력을 찾고 싶기도 하다. 매너리즘에 빠져서 회사에서 허우적대기만 할 뿐이다. 팀 내에 무슨 사건 사고가 없는지 기웃대지만, 마땅히 재밌는 일은 없다. 매번 상사들의 썰렁한 농담뿐 별다른 얘기들이 오고가지 않는다. 오히려 나의 회사 스트레스의 원흉인 업무와 상사에게 복수심을 품기도 한다.

　이런 마음은 직장인이라면 한 번쯤 갖게 마련인데, 오늘은 내가 10년 동안 직장을 다니면서 이런 마음이 들 때 회사 몰래 하는 일탈 행위들에 대해 얘기해보도록 하겠다. 회사 사장님들이 이 글을 읽고 있다면, 그냥 직원들을 위해 눈감아줬으면 좋겠다. 회사 사장님들에게 이 글이 스트레스로 다가오지 않기를 바란다.

업무시간 빼돌리기

이건 가장 손쉽게 일반적으로 많이 하는 일탈 행위 중 하나이다. 회사 업무시간에 다른 일을 하는 것이다. 우선 얄밉게도 출근시간을 5~10분 정도 늦는다. 너무 자주 늦으면 주변에서 말이 나올 수 있기 때문에 비가 오거나 눈이 올 때 가끔씩만 써먹는다. 이정도의 천재지변은 누구나가 이해해줄 수 있기 때문이다. 그러면 그날은 10분은 공짜로 돈 번 것이다.

두 번째로, 엿보기 방지 보호필름을 사서 모니터에 붙이고 틈틈이 개인 용무를 본다. 인터넷 쇼핑을 하거나 커뮤니티 활동을 통해 재밌는 글을 보기도 하고, 동기들과 채팅을 하기도 한다. 물론 핸드폰으로도 다 할 수 있지만, 반복적으로 자주 핸드폰만 들여다보면 눈치도 보이고 말이 나올 수가 있다.

세 번째로, 화장실에서 큰 볼일을 오래 본다. 이때는 자유롭게 핸드폰 사용이 가능하므로 게임을 한다든지, SNS 활동을 할 수 있다. 문제는 너무 오래 앉아 있으면, 한 곳에 피가 쏠려 병이 생길 수도 있으므로 적당한 시간 조절이 필요하다는 것이다.

또한 점심시간이 12시이면, 11시 55분쯤에 미리 가서 직장인들에게 가장 소중한 점심시간을 최대한 확보한다. 퇴근은 당연히 정시 퇴근이다. 이렇게만 하면 완벽한(?) 놀고먹는 직장인의 하루가 되는데, 아무래도 연말 실적이 걱정될 수가 있다. 직장을 오래 다니려면 이런 업무시간 빼돌리기는 가끔씩만 써먹도록 하자.

회사 자산 막 쓰기

회사 자산은 여러 가지가 있다. 우선 가장 대표적인 게 복합기와 종이다. 책처럼 인쇄해서 보고 싶은 자료나 글들을 거침없이 출력하여 읽고, 낙서하고, 공부한다. 나중에도 읽어볼 것 같으면 서랍 속에 보관하고, 그렇지 않은 경우엔 과감하게 파쇄한다. 종이가 파쇄기에서 갈려 나가는 소리가 그렇게 경쾌할 수가 없다. 요즘엔 회사가 이러한 인쇄비용도 아까운지 슬슬 개인별 인쇄량을 관리하고, 종이를 낭비하지 않도록 캠페인 같은 것들도 시행한다. 그래서 앞서 얘기한 소확행도 조금씩 눈치가 보이기 시작했다.

회사에서는 직원들을 위해 다과 비용을 마련해준다. 그 비용으로 믹스커피도 사고, 과자도 사고, 사탕이나 초콜릿을 사기도 한다. 이때 다과를 구매하는 담당자랑 친해지면 좋다. 내가 먹고 싶은 것을 요구할 수도 있기 때문이다. 나 같은 경우엔 비싼 하루견과 같은 것들을 구매해 달라고 요청한 적이 있는데, 한 번 정도는 인심으로 사주기도 해서 몰래 내 책상에 보관하고 꺼내 먹기도 했다. 다과는 공짜라는 생각에 많이 먹을수록 돈을 버는 것 같은 느낌인데, 과다하게 먹다가는 다 살로 가므로 조심해야 한다. 특히나 믹스커피가 달달하다고 하루에 3~4개씩 먹다가는 뱃살이 흘러내리기 십상이다. 또한 사무용품을 구비해 놓는 경우도 있는데, 포스트잇, 볼펜, 연필, 지우개, 봉투, 풀, 테이프 등이 있다.

이런 것들은 그냥 눈치 안 보고 막 쓴다. 별로 안 중요한 것도 포스트잇을 막 뜯어서 휘갈겨 쓰고 모니터 이곳저곳에 붙인다. 그럼 상사가 지나가다 보기에도 일이 많아 보이는 효과까지 꾀할 수 있다. 게다가 코로나가 심할 때는 마스크도 사무용품으로 구매해서 나눠 쓴 적도 있다. 이런 식으로 회사 자산을 막 쓰다 보면, 소비욕구가 해소되고 스트레스가 풀리는 느낌이 들기도 한다. 하지만 이러한 사실들은 사장님들이 보면 별로 좋아하진 않을 것이다.

회사 욕하기

회사 몰래 회사 욕하는 것만큼 재밌는 게 없다. 시간 가는 줄도 모르고 동기들이나, 회사동료들과 회사욕을 하다 보면 서로 끈끈한 우정이 쌓인다. 그래서 요즘 블라인드라는 직장인

전용 플랫폼이 유행이다. 거기서는 회사에서 있었던 모든 사건을 낱낱이 풀어놓으며, 공감을 받기도 하고 조언을 얻기도 한다. 대략적으로 블라인드에 올라오는 회사욕을 좀 순화시키면 다음과 같은 글들이 많다. 꽤 많이 순화시켰다는 것을 감안해서 읽어보길 바란다.

"우리 회사는 연봉이 짜서, 주는 만큼만 일합니다."
"회사 분위기가 경직돼서, 군대 재입대한 것 같아요."
"이놈의 회사는 직원을 위한 복지가 하나도 없네요."
"회사에 있는 윗사람들은 원래 다 악마인가요?"
"열심히 성과 냈는데, 왜 회장님 연봉만 오르나요?"

이 외에도 다양한 회사에 대한 불만과 심지어는 심한 욕설까지도 볼 수 있다. 회사 내에서도 동료들과 커피를 마시면서 회사가 곧 망할 거라는 둥, 노동청에 신고할 거라는 둥, 공짜 노동을 좋아해서 사장님 머리가 점점 벗겨진다는 둥의 얘기를 나누며, 서로 웃고 떠든다. 그러다 보면 스트레스가 많이 풀리는데, 회사욕을 하고 다시 자리로 돌아가 일을 하면 콧노래가 나올 때도 있다. 이런 회사욕도 가끔씩 나누다 보면 직장생활에 새로운 활력으로 다가온다.

~척 하기

회사생활의 일탈 중의 정점은 '~척 하기'이다. 이 행위는 눈치도 빨라야 하고, 상황 별로 대응도 잘해야 한다. 가장 대표적인 것은 '바쁜 척 하기'이다. 예를 들면 모니터를 보고 인상을 쓰면서 열심히 자판을 두드리지만, 사실 메신저로 동기와 점심을 어디서 먹을지 정하고 있는 경우다. 누가 보면 점심시간이 가까워 오는데도 집중하며 업무 처리하는 것으로 비친다. 그러므로 여기선 인상을 쓰는 게 중요한 전략이라고 볼 수 있다.

또 다른 예로는 업체에서 받은 데이터와 자료를 나만의 양식을 씌워 내가 조사한 것처럼 만드는 경우도 있다. 상당한 공을 들여 일한 것처럼 보일 수도 있지만, 내용을 정확하게 파악하고 있어야 설명할 때 들통나지 않는다.

두 번째는 '못 들은 척 하기'이다. 팀장이 "여기 엑셀 잘하는 사람 없나?"라고 팀원들에게 물었을 때, 내가 엑셀 마스터일지라도 일이 나한테 떨어질 게 분명하므로 내 모니터만 뚫어져라 쳐다본다. 나는 일에 집중하느라 주변 소리는 못 듣고 있는 것이라고 최면을 건다. 여기서 팀장과 눈을 마주치면 안 되니까 절대 눈동자 굴릴 생각은 하지 않도록 한다. 이런 다양한 '~척 하기'는 내 업무능력의 80프로 정도로만 일하기 위한 것이다. 정말 중요한 순간을 위해 힘을 아껴두고 있는 것이므로, 이런 일탈 행위는 스스로 어느 정도 정당화가 가능하다.

지금까지 회사 몰래하는 귀여운 일탈 행위를 네 가지 관점에서 살펴보았다. 회사생활이 내 삶의 많은 부분을 차지하고 있기 때문에, 반복적이고 지루한 일상으로 회의감도 들기도 하고, 권태가 몰려올 때도 있을 것이다. 이럴 때 좀 더 회사생활의 활력을 찾고 스트레스 또한 날려버릴 수 있도록, 내가 얘기한 소소한 일탈 행위들이 때때로 필요하다고 본다. 상사분들도 직원들의 이런 일탈 행위를 눈치 채더라도 그냥 모르는 척하고 넘어가 주기를 바란다. 이런 일탈의 과정이 지나면, 또 그 직원은 제자리로 돌아와 나름대로 책임감 있게 업무를 수행할 것이다. 마치 더 높은 산을 오랜 기간 오르기 위해 중간중간 그루터기에 걸터앉아 땀을 식히는 것과 같다고 볼 수 있겠다.

출근할래? 육아할래?
둘 중에 선택하라고 한다면…

나는 4살 딸아이를 두고 있는 11년차 직장인이다. 회사생활과 육아를 병행하면서 이리 치이고 저리 치이는 삶을 사는 중이다. 어차피 내가 자발적으로 사는 삶이기에 고난 속에서도 행복한 생활을 누리고자 노력하고 있다. 그러던 중 인터넷 커뮤니티를 통해 다음과 같은 질문을 보았다. "너 같으면 동일한 시간에 출근해서 회사에서 일할래? 아니면 집에서 육아할래?" 나는 이 질문에 선뜻 바로 답이 나오지 않았다. 나도 모르게 머릿속으로 상황을 굴려보고 있었던 것이다. 이 질문은 사실 회사에서 겪는 스트레스와 육아로 인한 스트레스 중에 어느 게 더 큰가를 묻는 것이고, 그것은 개인이 처한 상황에 따라 달라지는 것이므로 댓

글에는 나름의 개인차로 인해 의견이 분분했다.

아내가 1년 반 정도 육아 휴직을 하고 복직한 지 꽤 많은 세월이 지났다. 아내가 처음 복직하던 날 했던 말이 있다. "드디어 해방이다! 회사에서 커피 마시면서 콧바람 좀 쐬야지" 1년 반 동안 말도 안 통하는 신생아랑 하루 종일 집에서 씨름하고 있었으니, 아마 도 닦는 기분이었을 것이다. 물론 장모님도 도와주시고 내가 퇴근하고 바로 교대하긴 했지만, 엄마로서의 심리적 압박은 같은 공간에만 있어도 자연스레 느끼고 있었던 듯했다. 아마도 이때 "출근할래? 육아할래?"라고 물어봤다면 한 치에 망설임도 없이 출근한다고 말했을 것이다.

지금은 아이가 어린이집을 다니고, 하원은 장모님께서 도맡아 하고 계신다. 아내는 복직한 지 1년이 지났고, 본인도 10년차 직장생활을 하고 있기에 선임으로서 중요 업무가 슬슬 본인에게 돌아오고 있었다. 최근 들어 야근이 잦아지고, 회사에서 스트레스를 상당히 받고 있는 듯했다. 이 시점에서 아내에게 '출근? or 육아?' 질문을 똑같이 해보았다. 아내는 스스럼없이 육아가 더 낫다고 말했다.

나는 어떨까? 나는 아이를 낳고서 34개월이 지나고 있는 지금 시점에서 삶의 변화는 크게 없다. 나는 회사에서 육아휴직을 맘대로 할 수 없는 'K-아빠'이고, 회사에서 돈을 벌어야 가족의 생계를 책임질 수 있는 'K-직장인'이기에 꾸준히 회사생활과 퇴근 후 육아를 병행하였다. 요즘 들어 아이가 어느 정도 자라고 말도 통하니까 한결 육아가 수월해지긴 했다. 나는 주로 퇴근 후 아이의 놀이를 담당한다.

보통은 '아빠 그네'나 '아빠 회전목마' 등 몸으로 놀아주는 편인데, 피곤한 날에는 그림 그리기와 찰흙 놀이, 블록 놀이를 자주 한다. 그렇게 9시 넘어서까지 놀아주고 목욕까지 시켜놓고 나면, 수면은 아내에게 맡기고 설거지와 청소 등 밀린 집안일을 한 뒤 나도 샤워를 하고 잠자리를 챙긴다. 그렇게 누우면 10시 반~11시쯤 되고, 개인적인 할 일이 있다면 12시쯤 눕게 된다.

평일에 어쩌다 재택근무를 하고, 아이를 돌보는 일상을 해 본 적이 있다. 8시에 아이를 깨운 뒤 아침을 간단히 챙기고, 어린이집 등원 준비를 한다. 씻기고, 머리 묶고, 짐 챙기고… 등등 하다보면 이미 9시가 훌쩍 넘어 있다. 재빨리 유모차에 태워 5분 거리의 어린이집으로 출발하고, 선생님께 아이를 부탁드린다. 그러면 그때부터는 자유시간이긴 한데, 나는 재택근무니까 집에 돌아와 일을 시작하였다.

일을 하려다 보니 집이 아이 등원 준비로 난리 부르스를 추고 있었다. 일하다 말고 정리를 시작했다. 정리가 끝나자 11시가 넘어가는 시점이었고, 배가 슬슬 고파왔다. 일이 밀려 있기에 점심은 그냥 빵 한 조각과 커피로 때우고 일을 마저 했다. 천천히 업무를 보면서 오후 시간엔 여유가 좀 있었다. 하지만 초조하게 시계를 살피며, 하원 시간인 4시가 조금만 천천히 와 주길 바라고 있었다.

3시 50분. 아이의 간식을 챙겨 집을 나섰다. 분명 아이는 바로 집으로 오지 않고 놀이터에서 나에게 노역을 시킬 것이 뻔하기 때문에 간식이라도 먹이고 놀게 하려는 생각이었다. 그렇게 1시간에서 1시간 반 정도 놀다가 집에 들어오면 저녁 먹을 시간이 된다. 다행히 아내가 전날 준비해 놓은 갈치와 미역국이 있기에, 전자레인지에 돌려서 간편하게 준비할 수 있었다. 가시를 발라주는 것은 내 담당이었지만, 아이가 잘 먹는 모습을 보니 마음이 급해 손이 떨려왔다.

저녁을 먹고 1시간 정도는 TV로 어린이 채널을 틀어준다. 그러고 나서는 평일에 내가 퇴근하고 와서 하는 루틴을 그대로 하면 아내가 집에 온다. 아내는 바로 아이의 육아를 교대하지는 않고 저녁을 꽤 오랜 시간 먹지만, 나는 그래도 아내가 같은 공간에 있음에 안심이 된다. 재택근무인데 회사 일은 어디 갔느냐고? 애 보느라 뒷전이 되어버린 지 오래다. 오후에 좀 하긴 했지만, 아이를 재우고 밀린 일을 좀 해야 했다. 그렇게 '재택근무+육아'를 체험하고 나니, 나는 '출근? or 육아?' 질문에 '출근!'이라는 확신이 들었다.

나는 직장인 11년차고, 회사에서 업무는 이제 눈감고도 한다. 그만큼 익숙해져 있다는 뜻이다. 윗사람을 대할 줄 알고 후배들과 노닥거릴 줄 알기에 회사생활을 나 스스로 컨트롤하는 게 어느 정도 가능하다. 근무시간 동안 시간을 잘게 쪼개 중요 업무부터 배분하며, 하나씩 처리해나간다. 그렇게 단기적이든 장기적이든 성과를 누적시키고, 스스로에게 보람이라는 보상을 주며, 회사에서는 성과급이라는 보상을 내게 제공한다. 스트레스가 아예 없지는 않지만, 스트레스의 양을 내가 어느 정도 조절이 가능한 위치에 있다.

그러다 보니 육아보다는 회사가 내 상황에선 좀 더 편하다. 아무리 어린이집을 보낸다고 하여도, 등 하원 전쟁과 컨트롤 안 되는 아이, 집안일, 한 입이라도 더 먹이려는 노력, 체력의 한계까지 시험하는 목마 놀이 등 육아의 고단함과 스트레스가 지금의 나에겐 더 큰 것 같다. 아이가 4살이 지나고 5, 6살 정도가 되면 말도 잘 통하고, 스스로 할 줄 아는 게 많아져서 육아가 수월해진다고 하는데, 34개월이 막 지난 지금 시점에서는 아무래도 육아보다는 출근을 택하겠다.

이렇게 "출근할래?, 육아할래?"의 질문에 나 스스로 답을 내려 보았다. 생각보다는 많은 고민이 있었지만 다른 사람들은 나와 같은 업무 사정이 아니기도 하고, 아이를 대하는 태도도 부모마다 다 다르기에 이 질문의 답은 천차만별일 수밖에 없다. 하지만 우리는 속으로 알고 있다. 출근도 하고 육아도 병행해야 하는 게 우리의 현실이라는 것을. 우리는 이런 이분법적인 질문들에 대한 상상만으로도 재미와 해방감을 느낄 만큼 아이를 키우며 회사생활을 하는 것에 상당한 고단함과 삶의 무게를 견디고 있는 것이다. 나는 우리의 모든 'K-부모이자 직장인'을 응원하며, 고생이 정말 많다고 우리 스스로를 격려해주었으면 한다.

내가 바쁜 직장생활에서도 운동을 놓지 못하는 이유

나는 어렸을 때부터 운동을 좋아했었다. 아마도 그 시작은 초등학교 2학년 때부터 다니던 태권도의 영향이 컸다. 5년 동안 열심히 다니며, 검은띠 3단까지 땄다. 점차 다른 친구들보다 빨리 뛰었으며, 몸을 잘 다루게 되었을 때 우월함을 느끼며 흥미를 가졌던 것 같다. 그 영향으로 중학교 땐 태권도를 그만두었지만, 체육선생님은 교내 축구선수로 활동하기를 제안했었다. 하지만 난 축구에는 별로 흥미를 느끼지 못해 거절하고, 그 때부터 농구만 죽어라 했다. 중고등학교 체육시간은 내 세상이었다.

체육대회 종목은 다양했는데 핸드볼, 농구, 축구, 배구 등모두 반 대표로 출전했었다. 남중 남고를 나온 나로서는 친구를 사귈 수 있는 최고의 환경이었다. 누군가는 불쌍하게 보는 경우도 있었지만, 친구들 사이에서 운동만 잘해도 자기들 무리에 잘 껴줬었다. 대학교 때는 테니스 동아리를 2년 동안 했었고, 직장인이 되자 헬스를 시작했다. 이렇게 내 인생에는 항상 운동이 자리 잡고 있었다.

직장생활을 하면서 헬스를 7년 정도 하고 있다. 특별한 경력은 없지만 자기만족으로 즐기고 있다. 결혼하고 아이를 갖기 전까지는 일주일에 4~5번은 헬스장에 출석했다. 따로 PT를 받은 적은 없다. 관심이 있었기에 유튜브를 보며 스스로 자세를 익혔었고, 회사 사람들에게도 조금씩 노하우를 얻었었다. 그렇게 꾸준히 해온 세월이 어느새 7년이나 흘렀다. 지금은 회사생활과 육아를 병행하고 있기에, 일주일에 2~3번 정도 헬스장에 가서 땀을 흘린다. 먹고 싶은 걸 먹고, 운동 횟수가 줄다 보니 건강한 돼지가 되어가고 있지만, 내가 이렇게 바쁜 직장생활 속에서도 운동을 놓지 못하는 몇 가지 이유가 있다. 이제부터는 그 이유를 조금 살펴보고자 한다.

자신감과 활력

어렸을 때부터 운동을 하는 인생을 살아왔기에, 내 몸 상태는 항상 남들보다 컨디션이 좋았었다. 시작은 초등학교 2학년 때부터 배운 태권도였다. 어릴 때 배우는 태권도는 한마디로 종합 체육활동이라고 봐도 무방하다. 태권도 수업부터 시작해서 여러 가지 공놀이와 체육활동들을 하며 내 체력은 기하급수적으로 좋아졌다. 태권도를 4년 정도 꾸준히 다니다보니, 초등학교 고학년이 되었을 때 체육수업에서 다른 친구들보다 월등히 뛰어났다. 반 대표뿐만 아니라 학교 대표로 마라톤 선수, 축구선수에 뽑혔었다.

중학교에 올라가면서 태권도는 그만 두었지만 체력과 운동신경은 남아 있어서 중학교에서도 반 대표로 여러 가지 체육활동에서 선수로 뛰었다. 체력이 워낙 남아 돌아서 중고등학교 땐 방과 후에 농구를 많이 했었다. 고등학교 땐 정말 공부와 농구만 했던 것 같다. 대학에 가서도 테니스 동아리 활동을 했었고, 군대에서 헬스를 배웠다.

이렇듯 운동이 내 메인 커리어는 아니지만, 나의 무기 중 하나라고 생각한다. 그렇기에 나는 학창시절부터 항상 자신감에 차있었다. 직장생활에서도 체력적으로 남들보다는 더 많이 일할 수 있고, 더 빠릿빠릿하게 움직일 수 있었다. 엔지니어로 기계 부품을 뚝딱뚝딱하며 힘을 쓸 때도 어렵지 않게 해냈다. 이렇게 몸에서 오는 자신감은 나를 직장생활에서도 활력 있는 이미지로 만들어 주었다. 아내가 코로나에 걸려서 나도 결국 함께 걸렸을 때도 회사 선배는 "천하의 너도 코로나는 어쩔 수 없구나, 코로나가 피해 갈 줄 알았는데…"라는 말을 했었다. 그만큼 나는 허약하지 않은 당당하고 건강한 사람으로 인식되고 있었다.

이러한 자신감과 체력은 일을 할 때 분명 이득이 된다. 내가 직장 상사라도 골골대는 직원보다, 건강한 직원에게 기회를 더 많이 줄 것 같다. 아마도 운동을 지속적을 해온 사람들은 알 테 지만, 운동을 꾸준히 하는 것에서 오는 삶의 변화가 상당히 크 다. 좀 더 의욕적이고 주도적인 회사생활을 이끌어 나가기 위 해서는 먼저 몸을 움직이는 게 중요하다고 생각한다.

아프지 않기

회사를 10년 정도 다니다 보면, 주변에서 안 좋은 소식들이 종종 들려온다. 안 좋은 소식은 순식간에 주변을 전파되기 시 작하는데, 잘 다니던 사람이 하루아침에 쓰러지거나 병원에 입 원했다는 소식을 들을 때 마다 건강에 대한 경각심을 일으킨 다. 주변 소식은 보통 이런 식으로 들려온다.

"어디 부서 팀장님이 뇌졸중으로 쓰러지셨대."
"건강검진을 했는데 악성 종양이 발견됐어."
"허리디스크로 아침에 못 일어나서 연차를 썼대"

물론 당뇨약과 혈압약을 먹고 있는 사람은 부지기수다. 이 렇게 회사생활을 하고 나이를 먹어감에 따라 몸에서 한 군데

씩 신호를 준다. 스트레스 관리하고, 식습관 개선하고, 특히 운동을 하라는 건강 적신호다. 이렇게 몸이 한번 아파본 사람은 건강의 중요성이 확실히 인식되었기에, 뭐라도 한다. 회사에서 건강 전도사로 활동하기에 나에게 가끔 물어온다.

"닭가슴살은 어디가 맛있어?"
"운동은 뭐부터 해야 돼?"
"집에 아령을 좀 살려는 데 몇 킬로가 좋을까?"

나는 안쓰러운 마음에 아주 친절히 알려주지만, 꾸준히 관리하는 사람은 별로 없다. 아프지 않기 위해서 보험처럼 아프지 않았을 때의 건강을 미리미리 적립해야 한다. 좀 더 젊은 시절부터 근육을 만들고 건강한 습관을 유지하는 것이 꼭 필요하다. 운동을 통해 땀 흘리는 재미를 느끼고, 회사에서 받은 스트레스를 건강하게 풀어보도록 하자.

내 색깔

지금까지 글을 읽었다면, 나에 대해서 이렇게 생각할 수 있다.

"와, 회사생활이랑 육아도 하는데, 운동도 꾸준히 하는구나! 심지어 회사에서 팀원들에게 건강 전도사로도 활동하고 있으니, 건강하고 당당한 직원이겠다."

　나는 그저 재미로 운동을 시작했고, 이런저런 이유로 꾸준히 하고 있을 뿐인데도 다른 사람들은 나를 이처럼 인식하고 있었다. 운동이 주 무기는 아니지만 내 삶을 살아가는 데 있어 도움이 될 무기 중 하나이고, 나를 표현하는 색깔 중에 하나가 되어 있는 것이다. 이제 내 삶에 운동이 없다면, 나의 색은 점차 희미해질 것이라는 생각이 든다. 어쨌든 이처럼 꾸준히 할 수 있는 운동이 하나라도 있다면 그것으로 본인의 색이 더해질 것이다. 걷기, 등산, 골프, 마라톤, 자전거, 스키, 스쿠버다이빙 등 모든 신체 활동들이 포함될 수 있겠다. 바쁜 직장생활 속에서도 짬짬이 시간 내서 즐길 수 있는 운동을 꾸준히 실행해보도록 하자.

　최근 들어 남녀노소 모두 운동과 건강에 관심이 많아진 것은 다행이라고 생각한다. 한 번 사는 인생 건강하게 오래 사는 것이 좋지 않은가. 오래 살고 싶지 않다면, 사는 동안 건강하게라도 지내보려고 노력해보자. 운동과 건강은 아무리 말해도 입 아프지 않다. 그만큼 인생에 있어 상당히 중요한 활동이기 때문이다. 하지만 귀에 못이 박혀라 말해도, 꾸준히 하는 사람이 잘 없다. 매년 1월 1일이 되면 다짐하는 것들 중에 항상 '운동하기', '책 읽기'는 많은 사람들의 버킷리스트에 무조건 포함되지만, 연말까지 이를 꾸준히 유지하는 사람은 몇 안 된다. 그래서 틈틈이 반복해서 말하고 다시 다짐해야 한다. 운동이 내 삶에 녹아들 때까지. 걷는 걸음만큼 남들보다 앞서간다고 생각하고 내 몸을 스스로 움직여보도록 하자.

바쁜 직장생활 속에서
'꾸준한 독서전략' 세우기

'책을 읽는다'는 것이 삶의 질적 측면에서 좋다는 것은 누구나 안다. 하지만 매년 책 읽는다는 다짐은 멀어져 가는 등대처럼 점차 희미해질 뿐이다. 특히나 직장인들은 삶을 살아가는 데 있어 하루에 적어도 8시간, 많게는 12시간까지도 회사에 발목이 잡혀 있다. 출퇴근 시간과 회사를 가기 위한 준비 시간까지 더하면, 하루의 절반 이상이 날아가 버린다. 그럼 나머지 시간엔 책을 읽을까? 육아하랴, 운동하랴, 드라마 정주행하랴, 세상 살아가는 뉴스도 봐야 할 것이고, 유튜브는 또 얼마나 재밌게요? 사실 회사 일만 빼면 재밌는 것 천지다. 그런데 어찌 가만히 지루한 독서만 하고 있을 수 있겠는가.

나는 직장생활을 하면서 9년 동안 10권의 책도 읽지 않았다. 말한 바와 같이 책보다 재밌는 것이 훨씬 많았다. 하지만 9월이 넘어가는 시점에서 나는 117권의 책을 읽었다. 물론 이 중에는 중간까지만 보고 덮은 책들도 있다. 그래도 117권 중에 절반 이상은 완독하였기에, 적어도 60권 이상은 다 읽었다고 봐도 무방할 것이다. 어떻게 하루아침에 '독서광'이 되었는지 궁금하다면, 앞으로 이어질 나의 바쁜 직장생활 속에서 책 읽기 전략을 참고하기 바란다.

나만의 책 읽는 동기부여하기

군이 책을 읽지 않아도 유튜브 또는 온라인 강의가 잘 되어 있어서 내가 필요한 정보는 언제든 얻을 수 있고, 갑자기 떠오른 궁금증은 인터넷에 검색해서 해결하면 됩니다."라고 말할 수 있다. 나 또한 '독서광'이 되기 전까지는 이런 생각이었기에 군이 독서의 필요성을 느끼지 못했다. 나의 독서의 시작은 한 권의 자기계발서였다. 문득 직장생활을 10년 해오던 내가 위기의식을 느끼기 시작했기 때문이다. 모든 이들이 직장생활을 하다 보면 시기의 차이는 있겠지만, 삶의 회의감과 권태가 찾아온다. 또는 일종의 위기감과 불안감도 있을 것이다. 그래서 사람들은 유튜브를 통해 투자 공부를 하고, 부업으로 배달이나 스마트 스토어를 시작한다.

나 또한 남들과 다르지 않았다. 여느 날과 같이 주식투자 관련 유튜브를 시청하던 중에 발톱을 깎고 있는 내 모습이 3인칭 시점으로 인지되었다. 그 순간 깨달았다. '아, 내가 공부한답시고 유튜브를 틀어놓기만 했지, 내용은 전혀 내 머릿속에 들어오지 않았구나.' 그렇다. 수동적으로 흘러가면서 쉽게 얻은 정보는 휘발성이 빠르고 나에게 깊게 생각할 여지를 주지 않았던 것이다. 매번 틀어 놓고 듣고 있었지만, 직장인들의 커피 타임에서 한낱 가십거리 중 하나로 풀어놓고 마는 드라마와 다를 게 없다는 사실을 깨달았다.

그래서 이때부터 난 나만의 삶을 찾기 위한 목적으로, 능동적으로 정보를 습득하여 장기적으로 실천하기 위한 독서를 시작했다. 거창하게 얘기한 것 같지만, 유튜브나 온라인으로 얻는 정보들보다 책을 통해 얻는 깨달음을 택했다고 보면 되겠다. 이렇게 스스로 책 읽기의 필요성을 찾아가는 과정이 필요하다. 분명 다른 매체와는 다른 독서의 맛과 매력이 있기에 그것을 찾아보는 노력을 통해 스스로 동기부여 해보기를 바란다.

나만의 독서목록 만들기

책 읽는 것의 중요성은 이제 알겠다. 왜 필요한 건지도 대충은 감이 온다. 그럼 무슨 책을 읽어야 하는가로 넘어가야 하겠다. 우선 처음 시작할 때는 내가 끝까지 읽을 것 같은 책을 고른다. 베스트셀러도 좋고, 소설책도 좋고, 자기계발서도 좋다. 쇼핑하듯 내가 마음에 드는 책을 골라 보는 것이다. 옷을 살 때도 눈으로 살피고, 몸에 대보고, 입어 보고, 함께 온 친구에게 조언을 구하며 살지 말지 결정하는 것처럼 책도 제목과 표지 디자인을 보고, 저자의 약력과 목차를 살피면서 읽을지 말지 결정하는 것이다. 그렇게 고른 책이 본인의 관심 영역이다. 고르고 골랐으니 끝까지 읽어볼 요량으로 책을 쭉 읽어간다. 한 권을 다 읽어냈다면 그때부터 그 책의 분야는 당신의 관심 영역이 된다. 만약 다 읽지 못했다면, 그 분야에 해당되는 서적을 제외하고 다시 처음의 '책 쇼핑' 과정으로 돌아간다.

나 같은 경우는 자기계발서로 시작해서 관련 분야의 책들에 대한 우선순위 리스트를 만들어 차례대로 읽기 시작했다. 우선순위의 기준은 본인이 만들면 된다. 재미, 저자, 베스트셀러 순위가 그 기준이 될 수 있을 것이다. 그렇게 한 분야를 파다 보면, 내용이 익숙해지기도 하고 지루해지기도 해서 다른 분야로 자연스럽게 넘어가게 된다. 심지어 나는 자기계발서로 시작했다가 어느새 소설책을 잡고 있던 적도 있다. 두 개의 분야가 서로 굉장히 상반되지만, 독서 리스트를 만들고 관심 영역을 넓히다 보니 다양한 분야의 책들을 읽게 된 것이다.

책 읽는 시간 만들기

서두에서 얘기했듯이 직장인은 항상 시간이 부족하다. 그러니 독서는 일과 중에 가장 뒷전으로 밀리게 되고, 하루 일과가 너무 피곤했기에 책 읽기는 생략하고 잠자리에 들면서 그렇게 책 없는 삶이 자연스럽게 흘러간다. 책 읽는 시간을 확보하기 위해선 우선 책을 항상 지니고 다녀야 한다. 무겁게 책을 들고 다니는 게 번거롭다면, 밀리의 서재 같은 책 구독 서비스를 활용해도 좋다. 그리고는 자투리 시간에 인터넷 서핑을 하는 것이 아니라, 독서를 하도록 습관화하는 것이다.

버스를 기다리면서 읽고, 엘리베이터를 기다리면서 읽고, 화장실에서 볼 일 보면서도 읽으면서 책 읽는 행위 자체를 습관으로 만드는 것이다. 그렇게 되면 자기만의 독서 루틴이 만들어지는데, 나 같은 경우는 출퇴근 시간과 회사 점심시간 그리고 잠자기 직전 시간을 독서시간으로 확보하였다. 주말에는 아침에 눈 뜨고 아이가 깨어나기 전 시간과 아이 낮잠시간을 주로 활용하였다. 그 시간만으로도 일주일에 두세 권씩은 읽을 수 있었다.

책에서 배운 내용 실천하기

계속 읽기만 해도 분명 인생에 어떻게든 도움이 된다. 하지만 좀 더 장기적으로 꾸준히 읽기 위해서는 읽은 것을 내 삶과 연계하여 실천하는 행위가 중요하다. 실천을 통해 책의 내용을 내 것으로 만들면, 더 오래 기억에 남고 실천하는 재미를 통해 더욱 능동적인 책 읽기가 가능해진다. 실천이라고 해서 너무 거창하게 생각할 필요가 없다. 예를 들어 주식투자 책을 읽었다면, 책에서 나온 방식대로 단 돈 만원이라도 똑같이 투자해 보는 것이다.

소설책을 읽었다면 블로그나 일기장에 가볍게 감상문을 한 두 줄 적어볼 수도 있겠다. 나 또한 읽은 책 전부는 아니지만 내 기억에 오래 남기고 싶은 책은 독후감을 쓴다. 자기계발서를 읽었다면 그 책에서 다룬 모든 조언들 중 하나라도 실천하고자 노력한다. 그중 하나가 지금처럼 브런치를 통해 글을 꾸준히 쓰는 것이다.

독서 선순환 하기

이렇게 실천하는 책 읽기를 하면 내 삶은 더욱 발전적인 방향으로 성장한다. 그리고 어느 정도 궤도에 오르면 성장한 나를 보며, 새삼 뿌듯하고 재미를 느끼게 된다. 그 재미를 통해 더욱 열정적으로 독서를 하게 된다. 이 선순환 사이클을 만들면, 누가 시키지 않아도 스스로 책을 읽고 실천하는 삶을 살게 되는 것이다. 그러다 보면 어느새 인생의 전환점이 찾아올 수도 있을 것이고, 새로운 목표와 꿈도 생길 것이다. 나도 어느새 나만의 책을 출판하는 목표가 생겼고, 그 이상의 더 큰 꿈도 그리게 되었다. 이것이 바로 독서의 힘이다. 더욱 능동적이고 긍정적인 삶을 살기 바란다면, 지금부터 당장 책 한 권씩 손에 들고 다니기를 바란다.

내 직업에
수식어를 붙이자

대부분의 직장인들의 바쁜 직장생활 속에서도 여러 가지 고민들을 안고 살아간다. 대략적으로 보통의 직장인이 생각하는 고민들은 아래와 같다.

"내 일이 적성에 안 맞는 것 같은데…"
"이 회사에서 잘리면 뭐 먹고 살지…"
"이 회사를 20년, 30년 동안 잘 다닐 수 있을까?"
"이 회사를 계속 다녀봤자 경제적 자유는 꿈도 못 꿀 텐데…"

하지만 우리는 생계를 유지해야 하므로, 저런 고민 속에서도 꾸역꾸역 회사를 다니게 된다. 좀 심하게 말하자면 마치 파리처럼 이리저리 바쁘게 돌아다니고, 어딜 가서도 양 손바닥을 비벼대지만 결국 파리채 한 방에 나가떨어지는 그런 파리 목숨의 직장생활을 하게 되는 것이다. 그렇기에 투 잡이니 쓰리 잡이니 하면서 직장 외에 추가적인 소득을 올리고, 이 회사를 그만두었을 때 빠르게 다른 길로 전환할 수 있도록 일종의 보험을 만들어 놓는 것이다. 본업에서 해결책을 찾지 못해 다른 방향으로 살 길을 모색하는 것이니 이 또한 대단하다고 볼 수 있다. 하지만 나는 이번엔 본업에서 해결책을 찾을 수 있는 방법론을 제시해보고자 한다. 바로 '직업에 수식어 붙이기' 운동이다.

수식어는 '다른 언어 표현의 의미를 꾸며주는 기능을 하는 꾸밈말'로 정의한다. 직업에 수식어를 붙인다는 의미는 자신의 직업의 의미를 한층 더 표현력 있게 꾸며주는 행위이다. 누군가 당신에게 묻는다. "직업이 뭐예요?"

"아, 저는 그냥 자동차 엔지니어예요."

"저는 간호사입니다."

"저는 경기도 공무원인데요."

"중학교 교사입니다."

"회장댁 노비인데요."

대부분의 직업을 답할 때 이런 식으로 표현한다. 누가 들어도 메말라 있기에 직업에서 어떠한 매력도 찾아볼 수 없다. 그저 살아가야 하니 힘겹게 나의 직업을 붙들고 있는 느낌이다. 이런 메마른 직업에 한줄기의 수식어를 붙이려는 노력을 해보자. 나 같은 경우도 그저 직장인 10년차다. 직장인 외 별다른 수식어 없이 다니다 보니, 직장생활을 하는 동안에는 나의 정체성이 회사라는 조직에 파묻혀버리고 말았다.

그렇게 회사의 명성이 곧 나의 명성이 되는 듯 여겼다. 회사가 잘될 때는 내가 잘되는 것이고, 회사가 힘들어지면 나도 고통을 받는 것이다. 그러다 보니 회사가 없어지거나 나가라고 하는 순간에 내 존재 가치는 그대로 사라지고 만다는 섬뜩한 생각이 불현듯 떠올랐다. 정신을 바짝 차리고 나의 하루 중 가장 오래 머무르는 회사라는 장소에서 남들보다 더욱 경쟁력을 갖추기로 마음먹었고, 동시에 직장 밖에서도 새로운 길을 모색하기 시작했다.

회사라는 곳에서 경쟁력을 갖추기 위해서는 가장 좋은 건 일을 월등히 잘하는 것이다. 이미 알고 있겠지만 학교에서 전교 1등은 아무나 하는 게 아니고, 직장도 마찬가지이니 그들은 그들만의 세상을 살도록 내버려 두자. 우리는 우리가 할 수 있는 걸 찾아야 한다. 그냥 회사원 또는 직장인이 아니고 수식어를 붙임으로써 나만의 정체성을 표현해보는 것이다. 그러면 그것이 누군가가 보는 나의 첫인상 또는 이미지가 될 것이고, 그 이미지가 회사 내에서 나의 경쟁력이 된다. 나 같은 경우는 회사에서 다른 이들에게 어떻게 불리고 있을까? 내가 불리길 원하는 수식어로 내 직업을 표현하면 아래와 같다.

"글 쓰는 엔지니어", "운동하는 직장인", "건강한 회사원",
"융합형 전문가", "책 읽는 연구원", "사유하는 노예"

다시 한 번 말하지만, 누군가 나를 회사에서 위와 같이 불러주지는 않는다. 그저 내가 다른 사람들에게 불리길 바라고 그렇게 되길 소망하며, 회사생활을 영위해 나갈 뿐이다. 일단 이렇게만 하더라도 회사생활 속에서 나만의 재미를 찾을 수 있고, '그냥 직장인'이라는 따분한 삶보다는 뭔가 나만의 특별함을 만들어 간다는 생각이 들기 때문에 좀 더 의욕적으로 직장생활을 이어나갈 수 있다. 투 잡 또는 부캐 등으로 직장과 개인의 삶을 분리하지 말고 그 둘을 융합하면, 하루 8시간 이상의 근무 시간을 포함하여 전체의 인생에 있어 더욱 시너지를 낼 수 있는 방법이라고 볼 수 있다. 회사를 지금 당장 그만두지 못한다면, 직장의 시간을 내 삶으로 능동적으로 끌고 오는 것이다. 앞으로는 "직업이 무엇입니까?"라고 물었을 때 겉으로 표현하기 어려우면 속으로라도 이렇게 답해보자.

"아, 저는 춤추는 엔지니어예요."

"저는 사진 찍는 간호사입니다."

"저는 요가하는 공무원인데요."

"저는 공부하는 중학교 교사입니다."

"소설 쓰는 회장댁 노비인데요."

처음으로 돌아가 수식어를 붙이기 전 직업을 말할 때와 비교해보자. 말 한 마디 덧붙였을 뿐인데도 말하는 사람 입장에서 더욱 생기 있는 삶을 사는 느낌을 갖는다. 또한 듣는 사람 입장에선 후자의 직업과 인생에 대해 더욱 호기심과 흥미가 생기게 될 것이다. 그것만으로도 우리의 개성이 담긴 직업은 한층 성숙되어, 본인의 전체 인생에 직장생활이 생동감 있게 녹아들어 갈 거라고 본다.

난 오늘도 주말 아침 7시에 집 근처 카페에 와 있다. 작년 연말에 팀을 옮기고 나서 지금 원고를 마무리하고 있는 이 시점까지도 몇 달 동안 바쁘게 달려왔다. 회사에서 새로운 팀과 업무에 적응하고, 회사에서 지원하는 소프트웨어 인증 자격증 시험공부를 하고, 눈에 넣어도 아프지 않을 4살 난 아이를 키우고, 집안일과 가계를 돌보고, 내 인생 첫 책을 위해 원고를 썼다 지웠다 하고, 건강을 챙기기 위해 규칙적으로 헬스장에 출입하고… 이 모든 일이 한 번에 내 인생에서 동시에 벌어지고 있다.

당연히 이 와중에 사람들을 만나서 술도 마시고 즐기는 삶도 끼워져 있다. 지금 생각해봐도 내가 어떻게 이 모든 일을 해내고 있는지 의심스럽기도 하다. 게다가 이런 내 모습을 별다른 불평불만 없이 옆에서 가만히 지켜보고 있는 아내가 존경스럽기까지 하다. 그래도 난 내 인생을 스스로 개척함으로써 살아 있음을 느낀다. 얼마 전 내가 존경하는 인물 중 한 명인 김미경 강사의 명언을 본 적이 있다. 그중 이 말이 가장 내 마음속에 와 닿았다. 아마도 요즘의 내 생활과 가장 가까운 명언이라 그런지도 모르겠다.

"우리 엄마가 늘 그랬거든. 살다가 겁나거나 무서우면 일찍 일어나라고… 나는 일이 안 풀리거나 불안하거나 슬프거나 돈 없거나 그러면 무조건 일찍 일어나요!"

이 명언이 지금까지도 내 가슴 깊이 파고 들어와, 이 원고를 마무리하고 있는 주말 아침 7시에도 난 역시 카페에 와서 글을 쓰고 있다. 내 삶에서 많은 일들이 동시에 일어나 버겁다는 생각이 든다면 아무도 방해하지 않을 시간에 일찍 일어나 카페에 앉아서 아이스 아메리카노를 한 잔 들이키며 잠을 깨운 다음, 중요한 일부터 하나씩 차근차근 처리해나가는 것만으로도 인생의 부담을 상당 부분 내려놓을 수 있을 것이라는 확신이 든다. 가만히 누워서 걱정만 하고 있다면 아무런 일도 해결되지 않는다. 삶의 무게에 짓눌려서 무기력함이 들수록 이겨내고 일어나 밖으로 나가는 것 자체에 집중하는 것이 좋겠다.

이 책을 통해 직장생활에서 내가 겪고 느꼈던 것들을 하나씩 정리하면서 직장생활을 하고 계시는 모든 분들께 조금이나마 도움이 되었으면 하는 바람을 갖고 있다. 결국 본인이 겪고 생활하고 있는 직장인의 모습은 어딘가에서 누군가가 비슷하게 겪고 있는 삶이라는 인식을 갖고 있는 것만으로도 많은 위로와 도움이 될지도 모르겠다. ·

이 책을 쓰는 와중에도 최근 대기업에서 팀장이 과중한 업무로 인해 스스로 삶을 포기했다는 소식이 들려온다. 얼마나 안타까운 일인가. 나는 그 직장인의 삶의 무게를 정확히 알 수는 없지만, 같은 직장생활에 종사하고 있는 직장인 중 한 명으로서 직장인의 삶의 무게를 일부라도 덜어낼 수 있는 제도적 장치를 마련하고, 사내 문화가 새롭게 개선되어야 한다고 믿는다. 직장인은 왜 항상 봉이고 노예여야만 하는가. 대한민국을 살아가고 있는 대부분의 성인들이 직장인일 텐데, 우리는 더이상 그러한 사회적 인식을 받아들이고만 있지 않아야 하겠다.

내가 살아온 직장인의 삶이 10년이 지났고, 앞으로도 난 별다른 일이 없다면 직장인의 삶을 계속 살아가고 있을 테다. 그 기간이 앞으로 10년이 될지, 20년이 될지 아니면 30년이 될지 모르겠다. 그리고 그 기간 동안 직장인의 생존 방식과 삶의 방식은 꽤 많이 달라져 있을 것이다. 그럼에도 내가 가장 근본적으로 변치 않았으면 하는 직장인의 마음이 있다. 그것은 바로

'회사에 속한 직장인이지만, 개인을 위해서 일하라'는 마인드이다.

내가 신입사원이 들어올 때마다 하는 말이기도 하다. 우리는 회사에 속해 월급을 받고 직장생활을 이어가다 보면, 나도 모르게 회사생활에 안주하게 되고, 회사가 하라는 대로만 수동적으로 삶을 맡기다가 경제가 어려워지거나 회사가 어려워지면, 또는 본인이 더 이상 쓸모가 없어지는 순간이 오면 하루아침에 퇴사라는 철퇴를 맞게 된다. 회사가 본인의 삶을 책임진다는 말도 하지 않았는데도 의심 없이 믿고 있다가 발등을 찍혔다고 말한다.

우리는 이런 불상사가 불시에 찾아오는 것을 방지하기 위해서라도 회사에 속해 있을 때 최대한 개인을 위해서 일을 해야 한다. 물론 회사와 함께 성장하고 발전하면 좋겠지만, 우선순위를 본인 개인에게 두라는 의미이다. 직장인으로서 개인이 더 이상 봉이 아니고, 노예가 아니라는 모습을 보여주기 위해 스스로 경쟁력을 갖춰야 한다. 그러기 위해선 회사가 시키는 것만 하는 것이 아니라 주도적으로 본인 삶에 먼저 도움이 되고 그 다음 회사에도 도움 될 수 있는 활동을 찾아야 한다.

그리고 그 활동을 발전시키고 성장시켜야 한다. 그래야 본인이 스스로 경쟁력을 갖추며 살아남을 수 있고, 회사에서의 급작스러운 순간의 퇴사 통보에도 당당해질 수 있다. 내가 이 책을 통틀어서 가장 독자분들께 하고 싶었던 말이기도 하다.

나는 내 경쟁력을 갖추기 위해서 스스로 팀을 두 번을 옮겼고, 회사의 제도를 최대한 활용하여 자격증을 획득하고 사외 교육을 빈번하게 다니고 있다. 좋은 경력직 자리가 있는지 주기적으로 잡포스팅을 모니터링 하고 있으며, 독서와 글쓰기를 통해 직장인이 아닐 때라도 갖출 수 있는 경쟁력을 찾고 있다. 이 모든 활동들은 결국 내 삶이라는 직장을 위해 하는 업무이다. 이렇듯 직장인의 범위를 회사가 아닌 내 모든 삶까지 확장하여 계획하고, 생각함으로써 인생의 업 을 추구하길 바란다.